うちカフェ

コーヒーをもっとおいしく飲む本

うちカフェ推進委員会

二見書房

おいしいコーヒーって
なんだろう？

〝おいしい〟ものは味の好みがあるので人それぞれ。
でも、おいしいコーヒーにはひとつの条件があります。

苦みが強いものが好きな人、すっきりした酸味が好きな人。

味覚や好みによって、おいしいコーヒーは人それぞれですが、共通していることがひとつあります。

それは、おいしいコーヒーはいい珈琲豆から生み出されるということ。

コーヒーがあまり好きじゃないという人に、その理由をたずねると、酸っぱくて砂糖を入れなければ飲めない、とか苦くて胃にもたれるなどと答えます。

状態のよくない珈琲豆を使ったり、適切な抽出をしないと、苦味や酸味が強調されてしまいます。

言い換えれば、いい珈琲豆を使って適切に淹《い》れたコーヒーを飲めば、コーヒーを嫌いな人も認識を改めるかもしれません。

新鮮で保存状態がよく適切な焙煎を行った珈琲豆は、豊かな香りを放ち、えぐみを出しません。

このような〝おいしい珈琲豆〟を手に入れて、ちょっとしたコツがわかれば誰にでも簡単においしいコーヒーを淹れることができます。

さあ、この本といっしょに自宅で〝おいしいコーヒー〟を楽しんでみませんか？

5

コーヒーを楽しむ3つの約束

この3つを実行するだけで、あなたの1杯が格段においしくなります。
・コーヒーのことを知って自分の好みを理解する。
・コーヒーの適切な淹れ方を覚える。
・コーヒーを飲む相手との時間と雰囲気を大切にする。

Kalita

1 コーヒーを知る

おいしいコーヒーが飲みたい――そんなとき、あなたならどうしますか？

行きつけのカフェに行く、こだわりのマスターがいる喫茶店を訪れる、自家焙煎店で珈琲豆を買ってきて自宅で淹れる……。

そのときに求めるのは好みの味のコーヒーだと思います。しかし、同じ銘柄でも、鮮度や焙煎度合いによって味わいが異なってきます。

これがコーヒーを複雑でわかりにくくさせている理由ですが、逆にいえば、そこがコーヒーの奥深いところであり面白さでもあります。

ぜひ、簡単な知識と、いい珈琲豆を手に入れて、飲み比べてみてください。きっと好みの豆に出会えるはずです。

2 適切な淹れ方を覚える

コーヒーを淹れる方法は、いくつかありますが、理屈は難しくありません。

まず、煎ることで香りと味わいが引き出された焙煎豆を粉砕します。

次に、粉になった珈琲豆にお湯をかければ（浸せば）、コーヒーの液体が抽出されるというわけです。

この時に、質が高く保存状態のいい豆を使えば、コーヒーメーカーで淹れようが、見よう見真似でペーパードリップしようが、誰にでもある程度の味は出せます。

でも、それではいつまでたっても本当に美味しいコーヒーは飲めません。

さらに、おいしさを求めるために、使う道具に合わせた適切な挽き具合と正しい淹れ方を覚えましょう。

3 香り・味・空気を味わう

スイッチひとつでコーヒーができるコーヒーメーカーと違って、自分でコーヒーを淹れる作業は、手間をかけた分、喜びも大きいものです。

香りを楽しみ、豆が膨らむ様子を眺めて、その時間の経過も愉しむ……。

忙しい朝に、そんな時間はないと思う人は多いかもしれませんが、わずか3分ほどの手間で、心のゆとりが生まれるでしょう。

仕事や勉強にキリをつけるコーヒーブレイクは生活にアクセントを生みます。食後のコーヒーなどはこの上ない幸わせの時間を約束してくれるでしょう。

大切な人と、仕事のパートナーとコーヒーを楽しんでみませんか。

もくじ

コラム

column 1

コーヒーはいつから飲まれているの？

コーヒーのルーツ

コーヒーの起源には諸説ありますが、代表的な伝説がふたつあります。

ひとつは、6世紀のエチオピアのカルディというヤギ使いが、コーヒーの赤い実を食べて興奮状態になっているヤギを見て、自分も食べてみたら気分が爽快になり、コーヒーの存在を発見したという「ヤギ使いのカルディの伝説」。

もうひとつは、13世紀のイエメンで山中をさまよっていたシェーク・オマールというイスラム教の僧侶が、空腹時に鳥が食べていた赤い実を煮出して飲んでみると、疲れが取れて元気になったという「シェーク・オマールの伝説」。

どちらも、薬としてコーヒーが飲まれていたのがわかります。

16世紀に入ると、アラブ地域を併合したオスマン帝国がエジプト征服後にコーヒーを持ち帰り、首都イスタンブールに世界で初めてコーヒーを飲ませるカフェが誕生したといわれています。

17世紀にはキリスト教圏まで広がり、ローマ教皇クレメンス8世がコーヒーに洗礼を施したことで、広くヨーロッパで飲まれるようになっていきました。

そして18世紀ごろまで、コーヒー栽培はイエメンの独占市場であり、港町モカから出航されて各国に輸出されていったようです。

日本に入ってきたのは遅く、19世紀に入って日米通商条約が結ばれてからです。それ以前にもシーボルトが持ち込んだりもしていましたが、ただ苦いだけの飲み物は日本人の口には合わず、一般に広まることはなかったといいます。

その後、１９３０年代になってカフェが何軒もできコーヒー文化が花開きますが、2度の大戦でその流れもストップ。終戦後にコーヒーの輸入が再開され、現在に至るというわけです。

1章　珈琲豆のことをもっと知ろう。

生の珈琲豆って緑色をしています。知っていましたか？
ここ数年でコーヒーを取り巻く状況が変わってきています。
スペシャルティの登場や自家焙煎店の増加など……。
知れば知るほどもっとコーヒーのことが好きになるでしょう。

知って飲めばもっとおいしくなるコーヒーのお勉強

毎日の生活に欠かせないコーヒー。
この１杯を口にするまで、どういう経緯で届くの？
珈琲豆って実なの種なの？　どこで作られているの？
大好きなコーヒーのことを、もっと知りましょう！

写真提供／アタカ通商

外で飲むコーヒーから うちで飲むコーヒーに

コーヒーは世界中でもっとも愛されている飲み物です。現在、世界中の消費量は、１日の合計が20億杯にもなるともいわれています。

それだけ、多くの人たちを魅了してやまないコーヒー。今まで、喫茶店に足を運ばなかった人でも、いわゆるシアトル系のチェーン店でカフェラテやアレンジコーヒーに出会って、コーヒーが好きになった人も多いのではないでしょうか。

また、外で飲むコーヒーがおいしくなったと感じている人は、産地や品種を特定したスペシャルティコーヒーを、それとは知らずに口にしているのかもしれません。

コーヒーが好きになると、もっとおいしいコーヒーを飲みたいと思うはずです。

そのためには、まず知ることが大切。恋愛したら相手のことをもっと知りたくなりますよね。それと同じでコーヒーのことを、まずは知ってみてください。そうすれば、自分の好きな味がわかるし、もっとおいしいコーヒーと出会えるようになるでしょう。

ちなみに上の写真は、収穫したコーヒーの実です。サクランボみたいですよね。

珈琲豆は農産物

コーヒーができるまで

コーヒーの木

通常、種を蒔いてから2カ月前後で発芽。苗は専用の苗床で栽培されます。その後、数十センチに育った段階で、農園に植え替えられます。

開花

木は3年かけて成長し、結実するようになります。乾燥期の雨のあと、可憐な小さな花が定間隔に枝に咲き、ジャスミンのような香りがします。

結実

落花後、数日で緑色の実がなります。6〜8カ月かけて実は膨らみ真っ赤に熟していきます。その色や形から"コーヒーチェリー"と呼ばれます。

収穫

同じ枝に成った実でも成熟度が異なるので、必然的に人の手で１粒１粒手摘みされます。産地によっては高木に、はしごをかけて収穫します。

精製

果実から種子を取り出す方法は、天日乾燥させてから果肉を除去する"ナチュラル"と、水につけて除去する"ウォッシュド"などがあります。

出荷

精製が終わった豆は未熟豆などの欠点豆や石などの異物を手作業で取り除かれ、大きさや比重などで等級分けされて、出荷されます。

珈琲豆が生まれるまで
栽培にかかる年月は３年

当然ですが、珈琲豆は農産物で、アカネ科のコーヒーの木に実る赤い果実の種子です。果実は（P16イラスト参照）コーヒーチェリーと呼ばれ、外皮、果肉、パーチメント（内果皮）などを取った生豆が、珈琲豆として各生産地から出荷されます。

この段階では、緑がかった乳白色をしています。ふだん目にする茶色い豆は、焙煎された状態で、通常は消費国で焙煎が行われます。

コーヒーは、種を蒔いてから収穫するまで約3年かかります。可憐な白い花が咲き、サクランボのような赤い実がなってから、半年ほどかけて熟していくのです。

熟してからは2週間ほどで収穫。機械で収穫するところもありますが、実によって成熟度合いが異なるので、手で収穫するところがほとんどです。その後、精製をしてから、欠点豆や異物を手で取り除くハンドピックという作業を経て出荷されます。

このように、多くの人の手がかかって、私たちの元へ珈琲豆が届くわけです。

世界のコーヒー産地

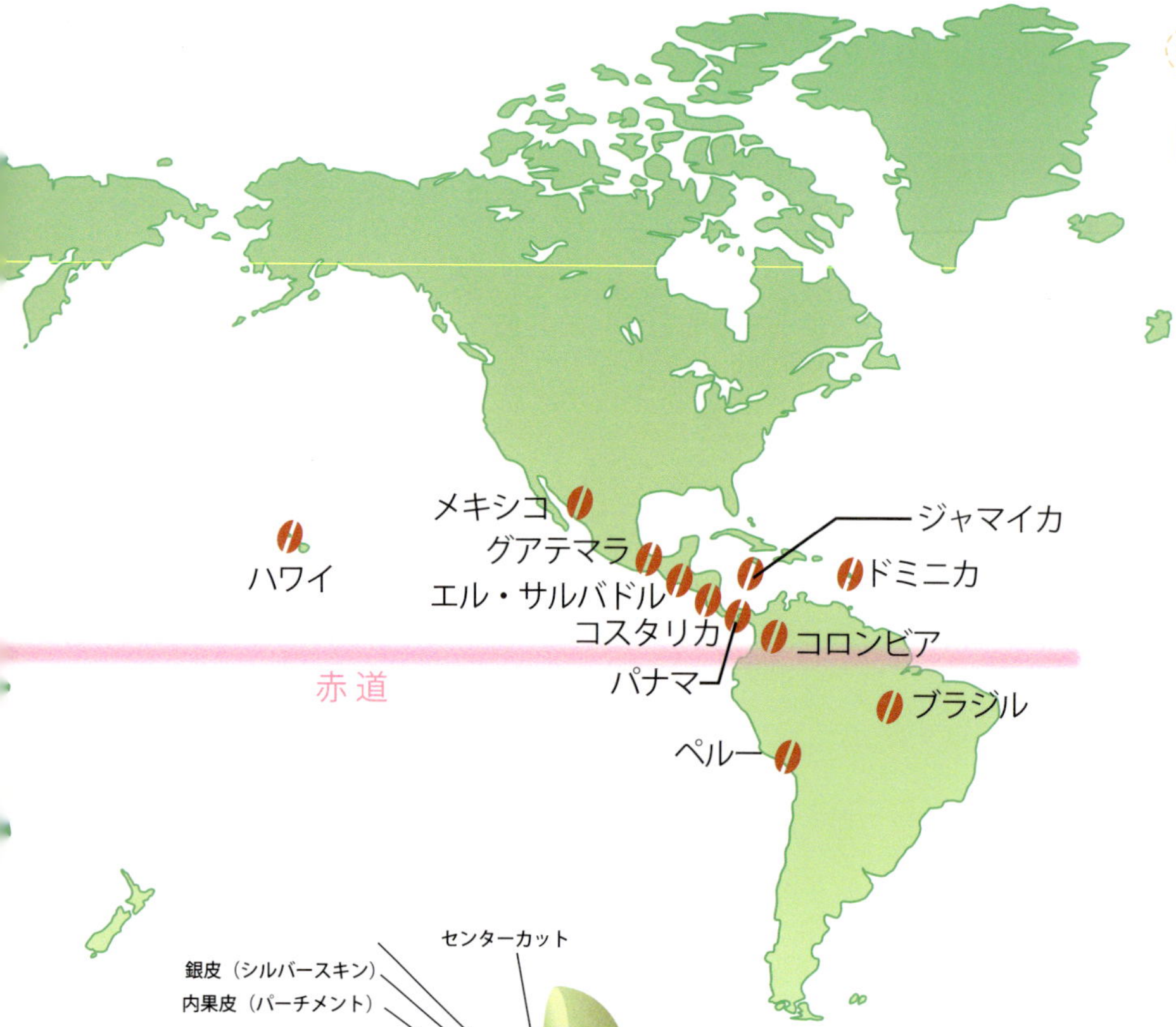

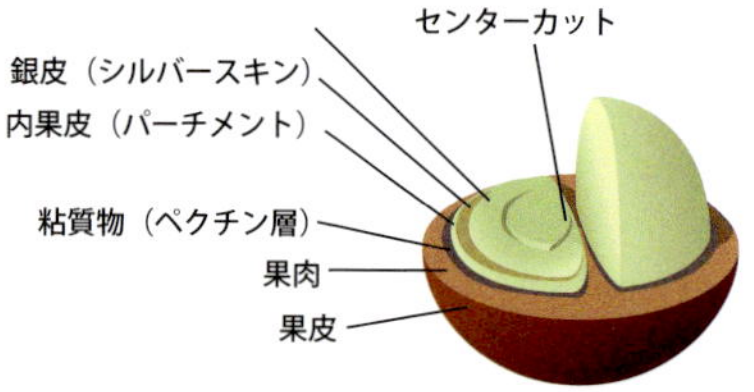

コーヒーチェリー

"コーヒーベルト地帯"の世界60カ国で栽培される

コーヒーの栽培に適した条件は、平均22℃の温暖な気候と、年間平均１５００～２０００ミリの安定した降雨量が必要とされます。さらに火山灰土壌で弱酸性、排水性のいい土壌が適しているとされます。

この条件にあったエリアが、赤道を挟んで北緯25度、南緯25度の間の熱帯・亜熱帯地域で、一般にコーヒーベルト地帯と呼ばれています（地図参照）。

現在、世界の60ヵ国でコーヒーの栽培が行われていますが、栽培量全体の8割を占めるアラビカ種は高温多湿に合わないので熱帯・亜熱帯地域の１０００メートル以上の高地で栽培されることが多く、暑さや病害にも強いロブスタ種は１０００メートル以下の低地でも栽培されています。

コーヒーの味わいは生産地や品種などによって異なりますが、これまでは1つの国でまとめて出荷されていました。近年は生産地の農園から栽培方法、処理など細かく履歴が記録されたスペシャルティコーヒーが出回るようになっています（P32参照）。

コーヒーを私たちが口にするまで

生豆

近年はベトナムからの輸入量が増えているほか、意外と知られていませんが、中国の生産量も年々増加しています。

▼

焙煎

焙煎豆の卸をする会社から個人経営の自家焙煎店、また最近はオンデマンドでその場で焙煎してくれる店まで多数あります。

▼

粉砕

コーヒー販売店では豆を挽いてくれますが、できれば自分で飲む前に挽いたほうが、おいしいコーヒーが楽しめます。

▼

ドリップ

さまざまな器具を使ってドリップされて、初めて液体のコーヒーとなり、口にすることができます。

参考／社団法人全日本コーヒー協会

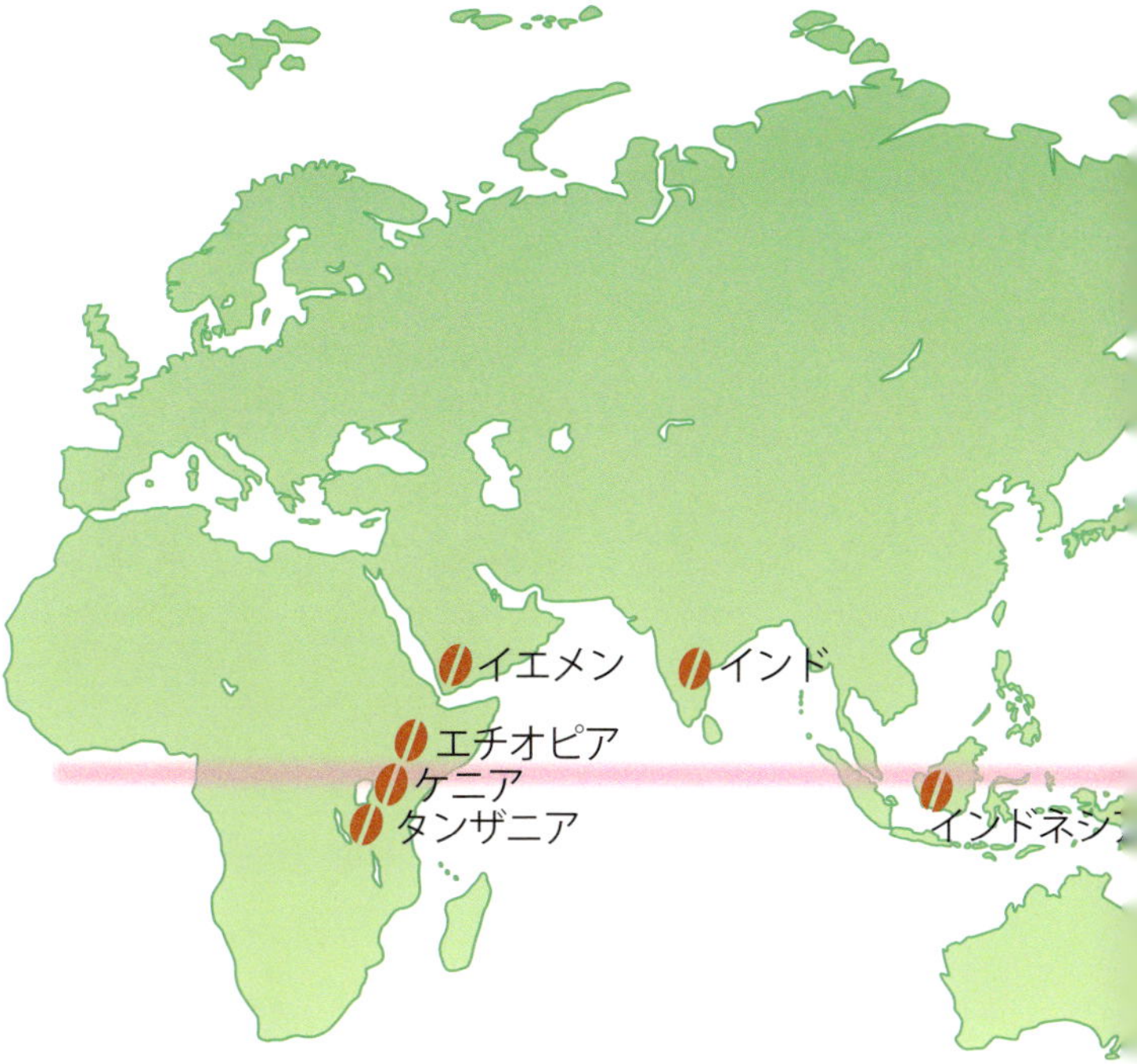

アラビカ種

世界中で栽培されているコーヒーの木の約8割を占めています。ストレートで飲まれるコーヒーのほとんどがアラビカ種です。ティピカ、ブルボン、ゲイシャなどが含まれます。

ロブスタ種

環境が悪くても育つ強い品種です。主に東南アジアの低地で栽培され、日本へはインスタントコーヒーや缶コーヒーの原料として輸入されています。

輸入された生豆が焙煎され手をかけられてコーヒーに

日本のコーヒー消費量はアメリカ、ドイツに次いで世界で第3位。国内での嗜好飲料ではダントツの1位で、日本茶の倍以上飲まれているというデータもあります。

生豆の供給国は、ブラジル、コロンビア、インドネシアを筆頭に40カ国以上から輸入されています。

商社などを通じて輸入された生豆は、大手コーヒーメーカーや地方の自家焙煎店の手に渡り、焙煎されて珈琲豆として店頭に並んだり、喫茶店やカフェなどに卸されています。

南米

BRASIL

世界一の生産国。バランスのとれた味わい

ブラジル連邦共和国

出荷港の名前から、現在でもブラジル・サントスと称されることも多いブラジルのコーヒー。一般的には酸味と苦味のバランスがよく、マイルドな味わいといわれていますが、現在では生産農園がそれぞれ個性あるコーヒーをどんどん産み出しています。

スペシャルティブームの流れから、産出する珈琲豆を農園名や生産者名で区別するようになり、契約農園として品質の高い珈琲豆が継続的に生産されるようになってきたのです。

また20世紀初めからの移民政策でブラジルに渡った日系移民がコーヒー栽培に携わった歴史もあり、日本人の名前が付けられた珈琲豆も生産されています。

ストレートだけでなく、ブレンド・コーヒーのベースとしても広く愛されているコーヒーです。

＜代表的品種＞

アラビカ種の一種、ブルボン種から産まれたカトゥラ種や新たに発見されたムンドノーボ種が生産されています。

＜生豆の特徴＞

水分のバランスなど、比較的焙煎がしやすい豆なので、自家焙煎を始めるときの入門編としてもおすすめの豆。

南米のコーヒー代表国として知られる コロンビア共和国

南米大陸の北西に位置するコロンビアは、ブラジルに次ぐ生産量を誇るコーヒー大国。外貨の稼ぎ頭として、国としても力を入れている作物のため全生産量の中で輸出向けが占める割合も高くなっています。そのせいか、いくつかの国際線の機内や空港内でサービスされるコーヒーとして、コロンビア・コーヒーのロゴを見かけることもあります。

品評会などに出品されるような高級品の主な産地としてウイジャ県やメタ県などが知られていますが、他の良質な産地同様、1000メートルを超える高地で栽培される豆に品質の高いものが集まっています。

ただこれらのアンデスに連なる高地は急峻な土地が多いため、大規模な農園開発がしにくく、非常に小規模な農園が密集しているのが特徴です。

＜代表的品種＞

高級品種としては主にブルボン種、ティピカ種、などがありますが、大量生産向けの豆の栽培も進んでいます。

＜生豆の特徴＞

比較的粒が大きく、酸味と甘味のバランスのとれた特色があります。

ジャマイカ

最高峰の豆ブルー・マウンテンを産出

ジャマイカは１７３７年からコーヒーの輸出を始めた生産国。

なんといってもブルー・マウンテンの銘柄名で知られているのがジャマイカのコーヒーです。コーヒーの最高級品として、「ブルマン」などと呼ばれるこの豆は、もともとジャマイカがイギリスの植民地だった時代に、イギリス王室がブルー・マウンテン地域で特別に作らせていたことにルーツを持っています。

日本にも大正期から輸入され、その当時、王室御用達の高級なコーヒーとして「ブルー・マウンテン」の名前も輸入されたといわれています。

ブルー・マウンテンというブランド名は限定エリアから生産された豆にのみ付けられる名前ですが、それ以外の標高が高い地域でも、良質な珈琲豆の栽培が進められています。

<生豆の特徴>

酸味、甘味、コクのバランスがいいうえに、なにより香りが高いのが特徴。そのため、焙煎の加減では香りが飛びやすいです。

<代表的品種>

ブルー・マウンテン・エリアではティピカ種。そのほかカツアイ種など、さまざまな品種が栽培されています。

スペシャルティブームで注目を集める

グアテマラ共和国

中米エリア、メキシコの東側に隣接する農業国グアテマラ。

ここで生産される農産品は、多くが輸出向けですが、コーヒーは重要な輸出作物であり、他の作物同様、圧倒的に輸出の割合が多くなっています。そのために、国内では良質のコーヒーを飲むことは非常に難しいと言われているほど。

18世紀初頭に一時コーヒー産業は壊滅しますが、その後、ドイツ系移民の手により復活。特に最近は最高品質のコーヒーを生産する産地として人気が高くなっています。

いちばん高級な豆に冠されるＳＨＢという称号は、１３００メートル以上の高地で栽培されたものと決められています。中でも２０００メートルを超える高地で生産を行うサンタ・カタリーナ農園のコーヒーのように、品評会で高い評価を得て有名になったものも多いです。

＜代表的品種＞

高級品種としてはブルボン種、ティピカ種、カツアイ種など。

＜生豆の特徴＞

コクと苦味、酸味を持つ比較的大粒の豆で、水分をかなり含んでいるので、それを充分に抜く必要があります。

厳しい高地で作られる香り高いコーヒー

メキシコ合衆国

さわやかな味わいのビールや、強烈なテキーラのイメージがあるメキシコですが、中米地域ではグアテマラと共に主要なコーヒーの産地として知られています。

中米の他の国と同様、コーヒーは重要な輸出作物ですが、地理的、経済的なつながりから、輸出先はアメリカ合衆国が占めています。

主な産地としては南側のオアハカ州やチアパス州、ベラクルス州などが挙げられますが、これらの地域でコーヒー栽培が行われている山岳地帯は、先住民（スペインが侵攻してくる以前からここに住む民族）の比率が高く、コーヒーの生産にもこうした先住民が携わってます。

そのため、こうした地域のいくつかの農園で産出するコーヒーは、フェアトレード（公正貿易）商品として日本に輸入されるものも多くなっています。

＜代表的品種＞

ティピカ種、ブルボン種、カツーラ種などの他、マラゴジペ種（ティピカ種の変種）なども栽培されています。

＜生豆の特徴＞

酸味と甘味のバランスがとれた味わいで、高地で産出するものほど香味が高いとされています。

EL SALVADOR

中米の小国だが、産出するコーヒーは良質

エル・サルバドル共和国

太平洋を南に、北側をグアテマラとホンジュラスに囲まれたような小国、エル・サルバドル。塩以外は目立った鉱物資源もない国ですが、コーヒーの生産は盛んで、19世紀中ごろに発展したコーヒー・プランテーションにより、主要な農産物として栽培されています。

その後、世界恐慌などで打撃は受けたものの、現在までに盛り返し、その輸出量はたとえばケニア、タンザニアなどのアフリカの生産地を上回るほど。国土の面積比からいえば、考えられない生産力を誇っています。

個性があり、香味が強いコーヒーとして人気を集めていますが、高級品の中には、国内に走る活火山山脈からもたらされる温泉水で珈琲豆の洗浄を行っている温泉コーヒーなども生産しています。

<代表的品種>

伝統的にブルボン種を栽培してきましたが、品評会での評価が高いパカマラ種も栽培されています。

<生豆の特徴>

パカマラ種は比較的粒が大きく、柔らかな甘味を持つ豆。その香味を存分に引き出すような焙煎が要求されます。

COSTA RICA

中米コーヒーの代名詞。高品質の豆が多い

コスタリカ共和国

政情不安が多い中南米諸国にありながら、非常に安定している国家がコスタリカ。

コーヒー栽培も中米地域の中ではいち早く持ち込まれ、19世紀初頭から、２００年を超える歴史があります。１８７０年代からはコーヒー・プランテーションがさらに発達し、コーヒー輸出を軸にした経済が成立しています。

さらに周辺のグアテマラやエル・サルバドルに栽培技術を伝えたのもコスタリカ。元祖中米コーヒー、といえる歴史を持っています。

中規模の農園によって標高１０００メートルを越える地域で栽培されるコスタリカのコーヒーは、同じ品種であっても地域や農園主の方針でさまざまな個性があります。しかも高品質のコーヒーに絞った生産方針で、アメリカをはじめ各国に積極的に輸出しています。

<代表的品種>

カツーラ種、カツアイ種などがあります。20数年前から栽培しやすいが質も劣るロブスタ種の栽培を禁止しています。

<生豆の特徴>

数多くの中小農園が、品質を競っているので、同じカツーラ、カツアイ種でも個性に富んでいます。比較的大粒。

最高級ゲイシャ種の栽培で注目を集める

パナマ共和国

パナマ運河があるパナマは、隣国コスタリカと共に中米の中でも安定した経済の下、発展を続けています。19世紀後半に伝えられたコーヒー栽培も、主要な輸出作物として盛んに生産されています。

リゾートとしても知られているボケテ県などが代表的産地で、標高1000メートル以上の高地で作られているのは輸出向けの高級品種が中心。その一方で、低地では国内向けのロブスタ種が栽培されています。

そのため、国内のコーヒーを味わうだけでは、国外での評価はわからないという、不思議なことが起きています。

特に最近ではパナマで栽培されたゲイシャ種のコーヒーが、コーヒーのオークションで世界最高の値をつけたこともあり、最高級珈琲の産地としてのイメージが広がっています。

＜代表的品種＞

輸出向けにアラビカ種が栽培されてきましたが、近年は生産性が低いが品質の高いゲイシャ種の栽培が進んでいます。

＜生豆の特徴＞

ゲイシャ種の特徴はそのフルーティな香り。これまでの概念が変わるほどの鮮烈な香りだと称されています。

イエメン共和国

国名よりもモカという銘柄のほうが有名

コーヒーの生まれ故郷、アラブ地域の中でも、古い歴史を持つイエメンのコーヒー。もっともイエメン自体はあまり知られておらず、積み出し港の名前をとった「モカ」という呼び名のほうが世界的に知られています。

この「モカ」からコーヒーはインドネシア方面に渡り、さらに18世紀に当時フランス領だったカリブ海周辺の国へと持ち出されることになりました。

モカの生産地としてはイエメンの他にエチオピアも挙げられますが、長細い形状のエチオピア・モカに比べて、イエメンのモカは丸みがあって小粒なのが特徴。

アラビア半島の突端、という位置から砂漠の国という思い込みがありますが、特に北部は標高の高い地域が中心で、人々は急峻な産地を切り開いて暮らしています。

<代表的品種>

アラビカ種。在来種をモカ種と呼んでいる場合もあります。

<生豆の特徴>

モカの大きな特徴である小粒で丸みを帯びた形状の生豆。脱穀方法の関係で、割れ豆などの混在も多いです。

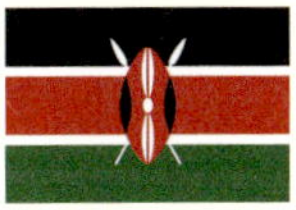

ケニア共和国

国をあげてコーヒーの生産に力を入れている

エチオピアとタンザニアに挟まれたケニアは、アフリカ圏の重要な産地のひとつ。

肥沃な火山灰土壌と、アフリカのイメージを覆す涼しさ、そして赤道直下に位置する日照時間の長さなどで、コーヒー栽培にはピッタリの土地といえます。

かつてはイギリスの植民地であり、コーヒー栽培も19世紀終わりから続く長い歴史があります。早くから、国立のコーヒー局を立ち上げて、生産、品質管理、豆の等級付け、そしてケニア・コーヒーの評価を上げていくためのブランディングを積極的に行っています。

収穫された豆は、低ランクの豆以外は水洗処理され、大きさで7種類に分けられます。さらに品質で格付けされ、ケニア・アラビカの名前でヨーロッパなどで人気となっています。

＜代表的品種＞

アラビカ種の中でもブルボン種、インド発祥のケント種が栽培されています。

＜生豆の特徴＞

比較的小粒の豆が収穫されます。酸味と甘味を備え、さらに香り高いコーヒーとして知られています。

TANZANIA

キリマンジャロが有名なコーヒー産出国

タンザニア連合共和国

現在のように世界中の珈琲豆が手に入るようになる前はブラジル、モカ、ブルー・マウンテンなどと並ぶ銘柄として愛されていたのがキリマンジャロです。

このアフリカを代表する高山の名前をとったコーヒーの産地がタンザニアです。

19世紀後半はドイツ領でコーヒーの栽培がうまくいきませんでしたが、その後20世紀に入ってキリマンジャロ山麓の高地でコーヒー・プランテーションが成功を収めるようになります。１９１０年代には１００を超えるプランテーションが開かれていたといいます。

現在でもキリマンジャロの銘柄で親しまれているタンザニア産のコーヒーですが、農園が独自の取り組みで品質の高いコーヒーを生産する時代になってからは、ブラックバーン農園のように、生産農園の個性で評価される豆も流通するようになってきました。

＜代表的品種＞

高級品種としてはブルボン種、ケント種などが中心。

＜生豆の特徴＞

比較的大粒で緑灰色の生豆。収穫された豆はサイズで分けられますが、大粒のものやピーベリーなどは珍重されています。

ETHIOPIA

モカで知られるコーヒー発祥の地

エチオピア連邦民主共和国

コーヒー発祥の土地とされているのがエチオピア。「ヤギ使いのカルディ」によるコーヒー発見の舞台となった土地です。

コーヒーはここからアラビアへ、さらにヨーロッパへと広がっていきます。17世紀にコーヒーは紅海を挟んで向かい側にあるイエメンのモカ港から出荷されるようになり、モカ・コーヒーの名前で広まることになりますが、同様にモカ港から積み出されたエチオピア産コーヒーも、モカの銘柄で紹介されるようになりました。

現在でもコーヒーはエチオピアの主要な輸出産物として、国の経済を支え、またかなりの割合の国民がコーヒー生産に従事するなど、重要な産業となっています。

主要な生産地として、南部のシダモ、西部のカフア、中部のハラーなどがあります。

＜代表的品種＞

基本的にすべてがアラビカ種で占められています。

＜生豆の特徴＞

少し細長い形の豆ですが、残留農薬問題で、一時輸入ができなかった時期がありました。

海底火山の土壌が産む肥沃な味わい

ハワイ

ハワイ・コナの別名でも知られるハワイのコーヒーは、いくつもの島からなるハワイ諸島の中で、活火山を持つハワイ島のコナ地域で産出されるコーヒーを指します。

その地域は東西2マイル、南北22マイルのエリアに限定され、いくつもの農園が集中したコナ・コーヒー・ベルトという名前でも知られています。ちなみに、アメリカ合衆国でコーヒーを産出しているのは、ここハワイ島のみです。

ハワイ島にコーヒーが持ち込まれ、栽培が始まったのは19世紀前半。その後、いくつものプランテーションが生まれ、その中には、ハワイに移住した日系人がオーナーになっている農園もあります。

また、日本の大手コーヒー会社がオーナーの大規模農園もあり、観光資源としても知られるようになっています。

＜代表的品種＞

19世紀前半に持ち込まれたブラジル原産のティピカ種が、その後グアテマラから苗が持ち込まれ、主流となりました。

＜生豆の特徴＞

粒の大きさや欠点豆の割合で、エキストラ・ファンシー、ファンシー、No.1などに格付けされています。

インドネシア共和国

通に好まれるマンデリンの生産地

アジアのコーヒー産地の代表格といえばインドネシアです。

そのルーツはオランダによる植民地支配時代にあり、17世紀末にジャワ島に伝えられたとされています。その後、コーヒーの生産が広まりますが、世界恐慌の影響などにより打撃を受けました。

植民地時代が終わり、独立後は徐々に生産力を高めていき、スマトラ島の高地で収穫されるマンデリンや、スラウェシ島のトラジャといった銘柄が人気を集めています。

一説では、交易の関係から、我が国に最初に持ち込まれたコーヒーは、インドネシア産のマンデリンだったという話もあります。また、トラジャ・コーヒーは、日本のコーヒー会社の主導で復活させた幻のコーヒーであるなど、日本との関係が強いコーヒー産地のひとつでもあります。

<代表的品種>

持ち込まれた当時はアラビカ種でしたが、1800年のサビ病の流行で打撃を受け、その後にロブスタ種へ転作が進みました。

<生豆の特徴>

酸味がそれほど強くなく、フルーツを思わせる香りと甘味をもった豆が収穫されます。

高品質の味わい スペシャルティコーヒー

コーヒーを農園や品質で格付けする新基準がスペシャルティ。
流通する量はまだ少ないですが、機会があれば味わってみてはいかがでしょう。
今までのコーヒーに対する概念が変わるはずです。

おいしさのお墨つき 今後のコーヒーの新基準

今までのコーヒーは、モカ、キリマンジャロ、ブラジルといった銘柄（産地）だけで区別されてきました。銘柄ごとの個性はわかっていたとしても、その先にある情報、どんな地域・農園で栽培されているかなどを知ることはできませんでした。

実はいくつもの農園で収穫された豆が混ぜられ、国や地域単位でひとつの銘柄にまとめられ、出荷されていたのです。

一方で生産者のほうも、個性を問われることなく、品質のいいものでも一定の値段で買いたたかれていたというのが実情でした。

20世紀の終わり頃、そんな状況を徐々に変えていこうという動きが出てきました。珈琲豆が栽培された農園や生産・精製方法を明確にし、土壌や気候などの影響も受ける、それぞれのユニークな風味や香味を重要視していくことにしたのです。

そして１９８２年に米国でスペシャルティコーヒー協会（ＳＣＡＡ）が発足し、独自の評価基準が整備され、「スペシャルティコーヒー」という概念が生まれました。

その流通量は全体のわずか数％にすぎませんが、機会があったら、ぜひ試してみてください。その味わいの深さに驚くことでしょう。

産地ごとの格付けと消費国の評価

生産国の格付け

生産地で独自に決められる規格には3つあります。ひとつは産地の標高。たとえばグアテマラでは、1300メートル以上をSHB、1300メートル以下をHBと区別して、銘柄の後に記します。ワイン同様、標高の高い産地のほうが香りが高くなるからです。次に豆の粒の大きさによる格付けです。1／64インチ（0,4mm）という国際基準のふるいを使って、S20（8mm）からS14（5mm）まで規格に合わせてグレードが決められます。

たとえばコロンビアでは、S17以上をスプレモ、S14～16をエクセルノとして分けています。こちらもコロンビア・スプレモというように銘柄の後に記します。

最後に欠点豆の混入度。300gあたり、欠点豆が何％含まれるかで、グレードが分かれます。日本でよく知られる、ジャマイカのブルーマウンテンNo.1は、粒が大きく欠点豆の混入率の少ないものにだけ付けられたグレードなのです。

スペシャルティの基準

実は、スペシャルティコーヒーとしての評価基準には、世界共通の定義はありません。生産国や消費国のそれぞれのスペシャルティコーヒー協会で、独自にカッピングと呼ばれる酸や甘さの風味やフレーバーなどのテストを行い、評価しているのが現状です。

ただし、共通の定義として、単一の農園で栽培された品種で、その生産方法や流通の履歴をたどれるもの＝トレーサビリティの明確なものとされています。

日本でもお米や野菜など、生産者の顔が見えるものが売られていますが、それと同じだと考えていいでしょう。

コーヒーを消費者本位で捉えたのが、スペシャルティコーヒーと言い換えてもいいかもしれません。豆の品質よりも、コーヒーが液体になった状態でテストするわけですから、より個性が際立ったものや繊細なニュアンスを持ったものが高い評価を得るわけです。

生産者のことを考える フェアトレードコーヒー

近年、コーヒーの生産者と消費者の経済格差が国連などで問題になっています。コーヒー好きなら、知っておかなければならない実情をお伝えします。

生産者と消費者を対等にするフェアトレードという考え方

　コーヒーは紅茶やチョコレートなどと並んで、ほとんどが途上国で生産されています。石油に次いで世界で2番目に流通している農産物です。

　その割にコーヒー生産者のほとんどが貧しく、小規模生産者は4億5千万世帯にのぼり、世界中の飢えと貧困に苦しむ人口の約半数に当たります。

『おいしいコーヒーの真実』というドキュメンタリー映画の中で、具体的な金額が出てきます。たとえば、1杯のコーヒーが３３０円で売られているとして、そのうち、生産者が手にする金額は1〜3％、わずか5円前後です。

　このような環境を改善するため、貿易のあり方から見直していこうというのがフェアトレード（公正取引）運動です。

　１９４６年にアメリカでスタートしたこの運動は、途上国の生産者や労働者に対してよりよい貿易条件を提示し、彼らが十分に暮らしていける価格や賃金を保障するかわりに、消費する私たちも安全で安心できるものを手に入れられることを目標にしています。

　地球全体の環境を守りつつ、生産者も消費者も対等で幸せになれる。そんな世界になれば、1杯のコーヒーがもっとおいしく感じられるかもしれませんね。

フェアトレードコーヒーが私たちに届くまで

フェアトレードの歴史

フェアトレード運動は、欧米を中心に1960年頃から盛り上がり、日本でもいくつかの市民団体が活動を行っています。

1988年にオランダで、消費者にわかりやすく参加してもらおうとフェアトレード商品にラベルを貼ることが始まりました。その後、2002年に世界統一のフェアトレードラベルができ、明確な基準が設けられました。

最低価格を保障することで生産者の生活を安定させ、プレミアムという奨励金制度により環境・社会・人権問題などを改善。厳格に定めた基準をクリアした商品に、国際フェアトレードラベル機構（FLO）がラベルを貼って流通させています。

これにより、私たち消費者が自ら選んで購入することが可能になり、安全と品質の高いものが継続的に手に入る素晴しい仕組みだといえます。

フェアトレードの実情

協力／POPCOFFEES

現在、フェアトレード認証を受けた生産者組織数は746組合・農園にのぼります。そのうち約76％は小規模生産者組合です。FLOのプレミアムにより、コーヒー生産者が受け取った総額は1200万ユーロ（約18億円）になり、現地のインフラや教育、保健医療などに使われています。

また、スターバックスやネスレ、キャドバリーなどの世界的な企業もフェアトレード商品を扱うようになり、認知度は高まっています。

日本でも100近い企業や団体が、フェアトレード商品の輸入販売を行っており、イオングループやウエシマコーヒーフーズなどの大手から、個人の自家焙煎店でも積極的に取り扱ったり、フェアトレード商品だけを通信販売するところもあります。

フェアトレードラベルが貼ってあるコーヒーを見かけたら、ぜひ手にとってみてください。

自分好みの珈琲豆と出会う秘訣

コーヒーの好みは人それぞれです。
おいしいコーヒーとは、自分の好みのコーヒーのこと。
まずは、自分の好みの味を探してみましょう。

自分の好きな味を知るために信頼できるお店を探す

コーヒーの味は、一般に5つの基準で表現されます。酸味・苦味・甘み・コク・キレ。自分が好きなコーヒーの味を表現しようとするとき、この中でどれがいちばん強いかを考えてみてください。こだわりたいポイントを押さえておくことが大切です。

そして、自分がふだん飲んでいるコーヒーのどこがおいしいと思うのか、どこが物足りなく感じるのかを見極めて、他のコーヒーを飲んでみましょう。

比較対象になるベースがあることで、その豆の個性がわかるようになります。そうして何度か飲み比べるうちに、好みの味（銘柄や焙煎）が明確になってくるはずです。

きちんと焙煎した豆を1杯1杯ドリップしてくれる店に通うのもいいですし、自家焙煎店で焙煎したての豆を購入してみるのもいいでしょう。

自分の好みがはっきりしているなら、好みの味のオーダーもできるようになります。このようにして、お気に入りの豆を探してみてください。

好みの味に出会う3つの方法

1 信頼できる店を探す

スペシャルティコーヒーが流通するようになって、焙煎した豆を販売する店がここ数年、増えています。中には工場で焼いている豆を販売していたり、自家焙煎豆を仕入れて売っている店もあります。

そういった店の豆がおいしくないとは一概に言えませんが、豆のことを教えてもらったり、相談したりするのであれば、小さくても店の釜で焼いている店がおすすめです。

家の近所になければ、通販でも買うことができます。（P116〜参照）。

2 新鮮な焙煎豆を選ぶ

焙煎した豆は生鮮食品です。焙煎後、2〜3日でおいしさが花開き、2週間までが黄金期間で、その後、徐々に風味が落ちていくといわれています。

そういう意味で、焙煎日を明記しているところは良心的な店といえるでしょう。また、その場で注文に応じて生豆を焙煎してくれる、オンデマンド焙煎の店も最近は見かけるようになりました。

これこそ新鮮な豆ですが、その豆に合わせた微妙な焙煎は難しいようです。ですが、陽に当たってずっと置かれているような豆に比べれば、雲泥の差があるといえるでしょう。

3 好みの味を知る

まずは、自分の好みの味を知ることが、おいしいコーヒーに出会う基本条件です。そのために、コーヒーを飲んだら「おいしいなぁ」だけでなく、どのようにおいしいのかを考えてみましょう。感想をメモしておくのもいいと思います。

個性が際立つスペシャルティコーヒーなら、クリアな味わいの中にフルーツのような明確な酸味や香りがあり、飲んだあとの後口も爽やかに感じたりします。

コクがある苦味が好きならば、そのコクの中に味の厚みや風味を感じてみてください。

焙煎による味の違い

P.39の左端から、浅煎り／ハイチマールブランシュ、中煎り／パナマ SHB、中深煎り／グァテマラ SHB、深煎り／ケニア AA

豆の特徴を引き出す
焙煎による味わいの違い

自宅でおいしいコーヒーを飲みたいと思ったら、まずは自分好みの珈琲豆を手に入れることが第一歩です。どんなに高価な器具を使っても、マニュアルどおりに抽出できても、肝心の豆の状態がよくなければ、おいしいコーヒーにはなりません。

ここでは、焙煎による味の違いについて触れておきます。珈琲豆は焙煎することで、はじめてその豆の持つ風味=味わいが生まれます。

焙煎度合いは大きくは、浅煎り、中煎り、深煎りの3段階に分かれます。さらに細かく8段階に分けられ、見た目の色も薄い茶色からこげ茶色、黒に近い茶色まで変化します。

一般的に味わいは、浅いほど酸味が強く、深いほど苦味が強くなる傾向にあります。豆の持つ個性にかかわらず、この焙煎度合いによる味の変化は、すべての豆に共通しているので、自分の好みの味を決めるひとつの基準として、覚えておくといいでしょう。

浅煎り	ライトロースト	酸味は強いがコクや香りはほとんど感じられない。主にテスト用で飲料には適さない。
	シナモンロースト	ライトと同じようにテスト用に使われることが多い。酸味のいい良質の豆向き。
中煎り	ミディアムロースト	栗のような色合い。口当たりが柔らかく、酸味の中にやや苦味も感じられる程度。
	ハイロースト	やや深い中煎りで、酸味と苦味のバランスがいい。豆の個性が出やすい一般的なロースト。
	シティロースト	中深煎りで、酸味が抑えられ苦味が感じられる。喫茶店などで多く使われる。
深煎り	フルシティロースト	褐色の色合い。ほんのり苦味が出てくる。豆によっては、表面に脂分が浮き出てくる。
	フレンチロースト	色は黒に近い。苦味とコクが強くなり、カフェラテなどミルクを入れて飲むのにおすすめ。
	イタリアンロースト	もっとも深い焙煎度合い。エスプレッソやアイスコーヒーなどに向いている。表面は油膜で覆われる。

column
2

いつまでもおいしく飲みたいから

コーヒーの上手な保存方法

焙煎した珈琲豆は、空気に触れると酸化が進むので、パッキングをして紫外線に当たらない冷暗所で保管すること。

キャニスターなど透明なガラスのタイプが市販されていますが、これはパッキングした中身が見えるよう考慮されたものです。できれば、茶筒のように紫外線を通さないもののほうがベター。

珈琲豆が減ったら追加して隙間を埋めてやるか、丸めたラップなどを詰めて、空気に触れるスペースを少なくするといいでしょう。

豆を多めに購入してきてキャニスターに入らないぶんは、ジップロックなどのチャック式商品保存袋に入れて冷蔵庫で保存します。

よく冷凍庫にしまうといいと聞きますが、たとえば刺身や肉を冷凍したものを解凍しても、食べられなくはないが買ってきたばかりのときに比べ、おいしさは落ちるものです。

珈琲豆も、酸化が進んで風味を損なうまで放置するよりは冷凍した方がいいですが、本来のおいしさではなくなります。

安いからといって大量購入しても、鮮度が落ちておいしくない豆を飲むなら、飲みきれる量の豆を、そのつど購入したほうが無難。

その際の目安は、1週間から2週間くらいで飲みきれる量にしましょう。

また、冷凍保存した場合は、豆が冷たいまま、挽いたり抽出しないこと。自然解凍した際に、温度差などで表面に水滴がつく場合があるので、それを落としてから使うようにします。

通常は他の生鮮食品と同様に冷蔵庫に入れておけば大丈夫。乾物とは違うことを知っておきましょう。

2章　挽き具合の違いを覚えよう。

新鮮な豆を手に入れたら、飲む分量だけ挽きます。
煎りたて、挽きたて、淹れたての“3たて”が大切と
いわれるように、粉にした瞬間から酸化が進んでいきます。
特に香りを楽しむなら、挽きたてにこだわりましょう。

使う器具に合わせて挽き具合を決めましょう

おいしいコーヒーを淹れるなら、使っている器具と抽出方法に合わせて最適な挽き具合で豆を挽きます。ここではその挽き具合と器具の関係を解説します。

同じ豆でも挽き具合で味の方向性が変わります

好みの豆の銘柄と焙煎度がわかったら、使用する器具に合わせて豆を挽きます。珈琲豆は粉にした瞬間に、空気に触れる表面積が増えるので、酸化の度合いがぐんと上がります。また、中に閉じ込められている香りも抜けやすいので、できれば飲む量だけを淹れる前に挽くようにしましょう。

粉の挽き具合は、５段階に分けられます。粗挽き、中粗挽き、中挽き、細挽き、極細挽きで、それぞれ抽出する器具によってベストの挽き具合があります。

粒の大きさによってコーヒーの成分を抽出する速度などが異なるため、エスプレッソマシーンなどで短時間に抽出する場合は、極細挽きにしてより多くの成分を出し、比較的時間をかけて抽出するペーパードリップなどは、中挽きや中粗挽きにするといった具合です。

コーヒー成分が抽出されるとき、酸味が先に溶け出し、そのあとで苦味が出てくる関係から、粗めのほうが酸味が抽出されやすい傾向があります。

挽き具合による器具の違い

粗挽き

ザラメ糖くらいの粒の大きさ。フレンチプレスやパーコレーターなど、お湯に粉を浸すような器具に向いています。

フレンチプレス

中粗挽き

粗挽きと中挽きの間の粒の大きさ。ネルドリップやサイフォン、また酸味を出したいときに向いています。

ネル

中挽き

ザラメ糖とグラニュー糖の間くらいの粒の大きさ。ペーパードリップやコーヒーメーカーなどに向いています。

ペーパードリップ

細挽き

グラニュー糖くらいの粒の大きさ。表面積が大きいので苦味系のコーヒーに向いています。マキネッタやアイスコーヒーにどうぞ。

マキネッタ

極細挽き

パウダー状の粒の大きさ。酸味は少なく苦味が強調されます。エスプレッソマシーンに向いています。

エスプレッソマシーン

ちょっとしたコツを知れば もっとおいしくなります

自分で挽く場合、ミルで挽き具合をセットできるなら機械任せでもいいですが、お持ちのミルが手動の場合（電動でも挽き具合を自分で確認しながら行うタイプの場合）、できあがりの粒の大きさを知っておきましょう。

抽出する器具によって、適した挽き具合が分かれますので、お持ちの器具に合わせて珈琲豆を粉にします。ただし、ペーパードリップは、そんなに厳密でもなくて大丈夫です。中粗挽きからやや細挽きの中挽きまで、好みで選べばいいでしょう。

ちなみに、メリタ社は挽き具合（量も）お好みで、カリタ社は中挽きを推薦しています。

また、豆を挽くときに注意することは、粒の大きさを均一にすること。粒がまばらだとコーヒー成分が出る量や時間が異なるので、味が統一されず雑味が混じったようなコーヒーになってしまいます。

挽き具合を決める

ミル（グラインダー）

器具に合わせて適正に挽かれた豆を使わないと珈琲豆の持つ味わいが十分に引き出されません。いい豆を入手しても、ここで手を抜いてしまうとおいしいコーヒーに出会えなくなります。器具に合わせた挽き方のコツを覚えましょう。

ミルの性能や手間を考えて選びましょう

グラインダーとも呼ばれるミルには、大きく分けて、手動と電動があります。珈琲豆を挽く際に、1粒1粒に閉じ込められた香りが、砕かれて匂い立ちます。コーヒー好きの人たちの中には、この瞬間がたまらないという人も多いでしょう。

手動の場合は、すり鉢上になった受け口から自然に流れ落ちた豆を臼型の金属歯がカットしながらゴリゴリとすりつぶしていく構造。ハンドルを回すときに均一に力を入れて回転速度を一定に保つことが重要です。スピードが安定していないと挽きムラが出てしまい、雑味のあるコーヒーになってしまいます。

電動の場合の多くは、プロペラタイプの羽根を高速で回転させ、豆を砕くようにする構造。できあがった粉が熱を持ちやすく、コーヒーの香りが飛んでしまいます。挽きムラも出やすいので、少し粉砕したら止めてミルを動かして中の粉を混ぜ合わせます。

どちらも、微粉が出ますので、粉砕後に器具に付いた粉をきれいにしてメンテナンスをしましょう。

how to 手回しミルで挽く

point 最初から最後まで一定のスピードでハンドルを回すこと。また、受け皿の大きさに合わせて1度に挽ける珈琲豆の量が決まるので、購入の際には気をつけたいところ。

1 珈琲豆を入れる

1回に抽出する量の珈琲豆を入れる。下の受け皿の大きさによって、挽ける量が決まるので、1回に何人分を淹れるか考えて購入しましょう。

2 挽き具合を調整

好みの挽き具合になるように、ハンドルの中心にあるネジを締めて調整しておきましょう。極細挽きまで細かくするのは難しいです。

3 一定のスピードで

無理に力を入れず、一定のスピードでハンドルを回していきます。ゴリゴリという音とともにコーヒーのいい香りが立ちます。

4 できあがり

粉を出したら、中にある微粉を逆さまにして叩くなどして捨てて、中に粉を残さないようにしましょう。

how to　電動ミル（調整付）で挽く

point

粒の挽き具合をダイヤルでセットでき、歯が臼型になっているので熱の発生も抑えられ、挽きムラも出にくい利点があります。メンテナンスをこまめに行いましょう。

1 電源を入れセット

ミル歯や受け皿がきちんとセットされていることを確認。歯は写真のように臼型で、極細挽きまで挽くことができます。

2 豆をセット

淹れる分量だけの豆をセット。まとめて何杯分もやりがちですが、できれば1回に淹れる量をそのつど、挽いたほうがいいでしょう。

3 挽き具合を決める

ダイヤルで抽出する器具に合わせた挽き具合にセットします。あとはスイッチを押すだけで機械がすべてやってくれます。

4 できあがり

できあがった粉を出したら、臼歯を外して付着した微粉を掃除することで、毎回、雑味のないおいしいコーヒーが淹れられます。

how to　電動ミル（調整なし）で挽く

point　挽き具合はそのつど、確認して行います。何度か試して時間を計っておくといいでしょう。動かしながら行うことで粒が均等になります。

1 電源を入れセット

手軽に挽ける電動ミルですが、音の大きさも気になるところ。深夜などには遠慮したほうがいいでしょう。歯はプロペラのように回転します。

2 豆をセット

淹れる分だけの豆をセットします。このタイプは、粉砕時間で挽き具合が決まるので、データを取っておくと効率よくできます。

3 ミルを振る

数秒回して振ることを繰り返すことで、挽きむらがなくなるばかりでなく熱もこもらないので、均一に仕上がります。

4 できあがり

プロペラの歯や周りに付いた微粉をハケなどで掃除します。そのまま放置すると、いやな匂いがコーヒーに移ることになります。

column 3

味を決める重要なポイント

水とコーヒーの関係

コーヒーで大事なのは豆と水。飲み物なので、水のほうが味を決める比率が高いと考える人は多いでしょう。

ご存知のように、水はカルシウムやマグネシウムなどのミネラル分の含有量により、軟水と硬水に分かれます。いわゆる〝硬度〟として分類される数値が低ければ「軟水」。高ければ「硬水」になります。

この軟水と硬水。飲み比べてみると、味の違いがはっきりとわかる人は少ないのではないでしょうか。どちらかといえば、クセのない味が軟水で、ちょっと硬く感じる独特のクセを持つのが硬水といった感じです。

一般に、繊細な味わいを楽しむ日本茶は、軟水がいいとされます。日本では軟水が多いので、ふだんから飲みなれているということもあると思いますが、クセのない味が、元になる素材の味を引き立てるとされます。

このことから考えると、コーヒーの味をダイレクトに楽しみたいなら軟水が適しているということになります。味わいをストレートに感じることができるからです。

対して、エスプレッソの本場・イタリアやカフェ文化の発達したフランスがそうであるように、苦味のあるコーヒーには硬水が合います。

逆に考えれば、深煎りの豆の苦味をさらに際立たせたいときに、硬水で淹れる手があるということです。

しかし、コーヒーを淹れるのに毎回市販の水を使用するのも経済的にもったいないもの。

日常的にコーヒーを淹れるのは水道水で問題ありません。清潔な軟水ですから、塩素などの不純物やカルキ臭などを市販の浄水器などで除いてあげれば、十分に、おいしいコーヒーが淹れられます。

3章　上手な淹れ方を学ぼう。

コーヒーの淹れ方は、使う道具によって変わります。
好みの味やライフスタイルにあった器具や方法を知ることが、
おいしいコーヒーに出会う秘訣です。
ここでは、淹れ方のコツをプロの方たちから教わります。

おいしいコーヒーを淹れるために知っておきたいこと

今までコーヒーを淹れるときに、コーヒーメーカーなどの機械任せだった人は、自分でコーヒーを淹れてみると、その味わいの違いにびっくりするでしょう。ちょっとしたコツがわかればさらにおいしくなるはずです。

コーヒーの味わいは豆と淹れ方に左右される

コーヒーを淹れることは、実はそれほど難しくありません。珈琲豆を砕いて粉にして、それにお湯を注ぐことにより、粉に空いた細かい穴からお湯が浸透します。そのとき、コーヒー成分が出る代わりにガスを出します。

ようするに粉をお湯（または水）に浸すことで、コーヒーの液体が抽出されるわけです。水と粉をセットするだけで自動でやってくれるコーヒーメーカーも、フラスコのようなサイフォンも、抽出する理屈は同じです。それぞれの器具にあった手順と豆の挽き具合を間違えなければ、誰にでもコーヒーを淹れることができます。

好みの味のコーヒーを抽出する器具と、ライフスタイルに合わせて最適な器具を選びましょう。これ！というものが見つからないうちは、いろいろと試してみるのもいいでしょう。また、大手コーヒーメーカーや喫茶店が主催する「コーヒー教室」などに通ってみてもいいでしょう。

好みの味になるまでいろいろと試すなら失敗の少ないペーパードリップがおすすめです。

器具による淹れ方と味わいの違い

難易度★

エスプレッソマシーン

直火式のタイプもありますが、家庭でエスプレッソを飲む場合は、小型のエスプレッソマシーンを使うのが一般的。1杯分の粉がプレスされた「カフェポッド」が使えるタイプは、簡単に本格的なエスプレッソが淹れられます。

コーヒーメーカー

ミルが付いたものから、抽出されたコーヒーが煮詰まらないよう適温を保つポットになったものまで、機能的なものがあります。蒸らしの時間が十分に取られないことが多いので、あっさりしたコーヒーに仕上がることが多いです。

難易度★★

フレンチプレス

紙やネルなどでコーヒーがろ過されないので、コーヒーの持つ味わいがストレートに抽出されるのが特徴。金属製の細かいメッシュフィルターでプレスするので、メッシュの形状によってコーヒーの味わいが左右されます。

ペーパードリップ

手軽にコーヒーをドリップできるペーパードリップは、おいしいコーヒーが誰にでも淹れられる人気の抽出方法です。しかし、粉の量・湯の温度・抽出速度などで味わいの変わる器具なので、プロも使用しています。

難易度★★★

ネルドリップ

まろやかなコクのあるコーヒーが抽出できるのがネルドリップの特徴。ゆっくり静かにお湯を注ぐ集中力と、使用後のネルの脂分を洗い流し、水につけて冷蔵庫で管理するなどの手間が必要ですが、その味わいはトライする価値があります。

サイフォン

アルコールランプなどで温められたお湯が、フラスコからコーヒー粉が入ったロートまで上がり、抽出されたコーヒーが再び落ちてくる仕組み。すっきりとキレがいい味わいのコーヒーができる反面、ガラス製のフラスコは扱いが難しいです。

コーヒーの味を決める3つの要素

苦味		酸味
深煎り 苦味と酸味のバランスが取れた中煎りから、さらに焙煎を進めると酸味が弱くなり、苦味が強くなってきます。通常はエスプレッソやアイスコーヒー、またミルクを入れて楽しむ場合に向きます。	**焙煎度合い**	**浅煎り** 珈琲豆の成分は熱を加えることで変質し、味わいや香りも変化していきます。熱をそれほど加えていない浅煎りは、味も香りも薄く、苦味よりも酸味が強いのが特徴。中煎りはバランスが取れていて万人受けする味わいです。
細挽き パウダー状に近いほど細かく挽かれた細挽きから極細挽きは、表面積が大きくなるので苦味が増します。エスプレッソなど高温で一気に抽出するときに適しています。ペーパーやネル、サイフォンには中挽きが向いています。	**挽き具合**	**粗挽き** 粉の粒が大きいので、お湯に粉を浸透させて抽出するフレンチプレスなどの淹れ方に適しています。また、コーヒー粉にお湯を注ぐと酸味が先に抽出され後から苦味が出てきますので、酸味系のコーヒーに向いています。
高温 酸味は低温でも抽出されますが、苦味成分は高温でないと溶け出しにくい特徴があります。95℃以上の高温では苦味が強く、また湯を注ぐスピードはゆっくり淹れるほど苦味が増える傾向があります。	**お湯の温度**	**低温** おいしいコーヒーを淹れる適温は80〜90℃とされ、75℃以下の低温では、酸味が強く抽出される傾向があります。また、湯を注ぐスピードは、速く淹れるほど酸味が増える傾向にあります。

コーヒーの味わいを決めるのは焙煎×挽き×温度

珈琲豆の産地による味の違いはもちろんありますが、最終的にコーヒーの味を決めるのは、焙煎度合いと挽き具合、それを何度のお湯でどのくらいの時間をかけて抽出するかで、味の方向性は違ったものになります。

自家焙煎の豆を使ったコーヒーを飲ませてくれるお店では、各豆の持つ個性を最大限に引き出す組み合わせで抽出してくれます。あなたも、それぞれの組み合わせを試して好みの味を見つけてみませんか。

カンタンに始められる

ペーパードリップ

ひと口に「コーヒーを淹れる」といってもさまざまな方法がありますが、そのなかでも、家庭で気軽にできるのが、ペーパードリップ方式です。台形や円すい形のペーパーフィルターと、専用のドリッパーを使ってコーヒーを抽出する基本的な方法です。

コツをつかんで美味しいコーヒーを淹れる

ペーパードリップ方式は、コーヒーの淹れ方の中でも、いちばん普及している方法です。その起源は20世紀初めにさかのぼります。それまでフィルターには金網などを使っていたのですが、現在でも「メリタ式」として名前が残るメリタ・ベンツ夫人が、紙製のフィルターを用いたのが始まりとされています。

その後、この方式に使われる器具は改良に改良を重ね、いまではどこへ行っても手に入る逆三角形のドリッパーと台形のフィルターができあがりました。

一見すると、ただお湯を入れればいいようにも見えますが、コーヒーの抽出の仕組みを理解したうえでドリップすることで、コーヒーの風味も味も大きく違ってきます。

フィルターごと捨てられるので後始末も簡単ですから、気軽に始めてみましょう。

ちょっとしたコツがわかれば
誰にでもおいしいコーヒーが淹れられる

ペーパードリップの基礎知識

ドリッパーの種類

メリタ

ペーパーフィルターの元祖でドイツ生まれ。抽出の穴はひとつで、リブは途中まであります。

カリタ

日本生まれ。メリタと似た形ですが穴が3つ空いていて、抽出の流れが速くなります。

ハリオ

円すい形のドリッパーでペーパーフィルターも専用のものを使います。リブが流線形です。

誰にでも簡単に淹れられるペーパードリップですが、実は穴の数や形で淹れ方が変わることを知っている人は少ないかもしれません。1つ穴のメリタは、蒸らしのあと、1回で抽出を終えるようにします。3つ穴のカリタは何回かに分けてやります。一方、穴の大きな円すい形のタイプは、自分の好みの濃さに調整して抽出することができます。

温度調整の仕方

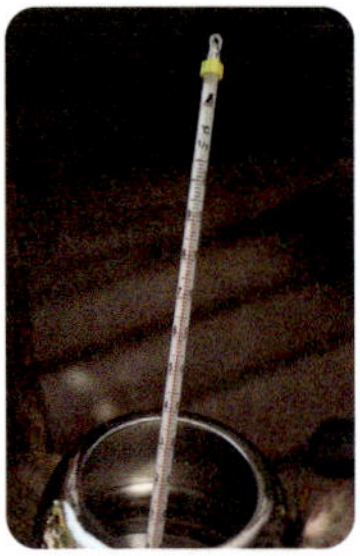

お湯の温度は沸騰したあと、少しだけ冷ました85℃前後が適温ですが、家庭では温度計で測るわけにもいきません。そこでお手軽な方法が、沸騰したお湯をポットに移したら、氷を1個入れることです。氷が溶けた状態でほぼ適温になります。また一度沸騰したお湯が冷めてしまったら、再沸騰して使うことはやめましょう。

ポットの重要性

コーヒーをおいしく淹れるにはポットも重要です。家庭にあるケトルやヤカンではなく、なるべく細口で注ぎ口が長いものを使いましょう。注ぎ口が長いと、一定の量のお湯を安定して注ぎ入れることができます。ふだんの量が2～3人であればそれほど大きなものはいりませんし、高価な道具ではないので、ひとつ用意しておきたいものです。

how to ● ペーパードリップの淹れ方

step 1 コーヒー粉をセットする

point 粉の量は人数分に合わせないとおいしいコーヒーはできません。メリタ式は8g、カリタ式は12gが標準ですので、手持ちのメジャースプーン1杯がどれくらいの量になるか覚えておくといいでしょう。またひとり分を淹れる場合は少し多めに粉を入れます。

撮影協力／木村コーヒー（P.126 参照）

1 ペーパーを折る

ペーパーフィルターの接合部分の2カ所を折ります。このとき、底面と側面の接合部が逆になるように折っていきます。こうすることでペーパーがよりドリッパーに密着します。

2 ドリッパーにセットする

なるべく水平な場所にサーバーを置き、その上にドリッパーをセットします。傾いた場所で淹れると、ドリッパーにお湯を注いだときに偏りができてしまうので気をつけましょう。

3 コーヒーの粉を入れる

メジャースプーンを使って、人数分の粉を入れます。好みによって量を加減しても問題ありませんが、まずはいつでも同じ味が出せるよう、粉の量を決めましょう。

4 中央に穴を開ける

スプーンの持ち手などを利用して、粉の中心に穴を空けます。それほど深く掘る必要はありません。手の脂分が移ることがあるので、素手でやるのはやめましょう。

step 2 1回目の抽出［蒸らし］

point

ペーパードリップでコーヒーを淹れるときには、ドリッパーの方式にかかわらず「蒸らし」を行います。蒸らすといっても、少量のお湯でコーヒー粉をふやかして、成分の抽出を助けることが目的です。ここではカリタ式のドリッパーで実践例をご紹介します。

5 少量のお湯を注ぐ

ドリッパーの中心に少量のお湯を注ぎます。なるべくそっとお湯を「置く」ようにします。この時点ではまだコーヒーは抽出されません。

6 蒸らしを行う

この状態で30秒ほど待ちます。焙煎からそれほど時間が経っておらず、保存状態がいい新鮮な豆の場合は､まだガスを含んでいるため､お湯を入れると自然と粉が膨れ上がってきます。

7 1回目の抽出

再びドリッパーの中心にゆっくりとお湯を注ぎ入れます。注ぎ口で小さく円を描くように徐々にお湯を回し入れ、ドリッパーの縁までいかないように気をつけます。

8 コーヒーが抽出される

ある程度のお湯を注ぎ込むと、コーヒーが抽出されます。1回目の注水ですぐに抽出されてしまうような場合は、珈琲豆が持つ成分を十分に引き出していないことになります。

step 3 2回目の抽出［調整］

point

お湯がまんべんなく広がり、抽出液がドリッパーから垂れてきたら《蒸らし》は終わりです。次はさらにお湯を注いで、コーヒーを淹れる段階に入ります。お湯は一気にではなく、何回かに分けて注ぐのがポイントになります。

9 粉の表面がへこむ

抽出が進むと、膨れていた粉が徐々にしぼんできます。しぼみきってしまわないうちが、2回目の抽出に入るタイミングです。

10 2回目の抽出

粉がしぼみきる前に、2回目の注水をします。中心から注ぎ込み、1回目よりは大きな円を描き、お湯を注ぎます。このとき、フィルターにお湯がかからないように注意しましょう。

11 さらにお湯を注ぐ

うまく注水されると、粉の中心に白い泡が集まってきます。ここでも同様に、小さく円を描くように回しながらお湯を注いでいきます。コツは“の”の字を書く要領です。

12 2回目の抽出終了

この時点でポットには全湯量の３分の１以内のお湯が残っているのが理想です。一気に入れすぎないように気をつけます。

step 4 3回目の抽出［調整］

point 抽出の方法はドリッパーの形状によって異なります。ドリッパーの中にお湯を溜めやすい1つ穴のメリタ式はお湯を多めに入れても大丈夫です。3つ穴のカリタ式や円すい型のハリオ式は数回に分け、少しずつお湯を注ぎわけていきます。

13 粉が落ちきる前にお湯を入れはじめる

2回目の注水を終えてしばらく待つと、再び粉が下がってきます。このとき、ドリッパーの縁にコーヒーの粉が張り付いたようになってくれば、順調な証拠です。

14 3回目の抽出

残っているお湯を、ドリッパーからあふれないように注意しながらすべて注ぎ込みます。

15 お湯を全部注ぎ込む

ここでも2回目と同様に、中心から同心円上に外側に向かって注ぎ入れていきます。粉の中心部に、白い泡が溜まります。

16 抽出終了

ここまでの動作を、およそ3分以内で行うのが、理想的です。

how to ● ペーパードリップの淹れ方　step 5 ドリッパーを取る［できあがり］

point　ドリッパーを使うときのポイントは、フィルターにお湯がかからないようにすることと、必要以上に抽出しないことです。人数分のコーヒーがポットにできたら、潔くドリッパーを外してください。最後まで抽出してしまうと、雑味成分まで出てしまいます。

17 抽出回数について

抽出はなるべく（蒸らしを除いて）3回以内で終了させます。4回以上の注水で抽出されるコーヒーには、雑味の成分が多くなり、美味しさを損なってしまいます。

18 ドリッパーの取り外し

予定の抽出量になったら、ドリッパーの中にお湯が残っていても、迷わず取り外します。まだドリッパーからお湯が出るので、カップなどで受けるといいでしょう。

19 抽出後

上手に抽出されると、粉の中央部がきれいなカールを描いてくぼみ、ペーパーの上部に薄く粉が残ります。

アウトドアでも…

キャンプや登山など、アウトドアでコーヒーを淹れるのも、ふだんとはまた違ったおいしさが味わえます。ただ、大きなドリッパーを持っていくのは荷物になるので、アウトドア用の携帯用ドリッパーがおすすめです。携帯型ドリッパーには、ペーパーがいらないもの（写真左）や、汎用のペーパーフィルターが使えるもの（写真右）などがあります。

旨味を引き出す

ネルドリップ

ネルはコーヒーを抽出する能力に優れています。
これで淹れたコーヒーは、舌触りのなめらかなコーヒーに仕上がります。
使った後のネル袋の手入れなどが面倒で敬遠されがちですが、
その手間に価するおいしい1杯が手に入ります。

コーヒーをおいしく淹れる最高の抽出方法

　コーヒーの淹れ方で昔からあるのが、柔らかいフランネルという生地を使って漉すネルドリップです。1杯ごとに時間をかけて淹れるために、おいしいコーヒーを飲ませる喫茶店の代名詞にもなっている方法です。

　ネルドリップ方式は、片側が起毛しているネルの生地を袋にして、そこにコーヒー粉を入れて漉します。ネル袋は2枚か3枚の生地をはぎ合わせて作られ、円形の枠に取り付けてあります。

　このネル生地は、ペーパーフィルターの繊維よりも太くなっているので、コーヒーの粉にお湯が留まる時間が短く、コーヒー粉の組織が開いて抽出されるときに邪魔するものがないので、コーヒー液の旨味の成分がペーパーに比べて出やすくなります。抽出されたコーヒーは舌触りが滑らかで、コクがあるのが特徴です。

how to ネルドリップで淹れる

point 使い終わったネル袋は、よく洗って水を張ったタッパーなどに入れて保管します。乾くと布についた脂分が酸化して臭いの元になります。使用回数は30〜50回を限度とします。また、できあがりのコーヒーの温度が下がり気味なので、お好みで少し温めてもOKです。

1 粉を入れる

ネルが新品の場合は煮沸してから、ネルの袋に適量のコーヒー粉を入れます。豆は少し粗めに挽いたものを使います。細かく挽いたものだと、ネルの目が詰まりやすくなります。

2 お湯を注いで粉を蒸らす

真ん中にお湯を注いで、粉を水分で蒸らします。この段階ではコーヒーはまだネル袋から出てきません。全体に水分が行きわたるよう、少し袋を動かしつつ入れていきます。

3 お湯を少しずつ注ぐ

お湯は一気に入れずに、粉の上にそっと置くような感じで、少しずつ入れていきます。コーヒー粉が新鮮な場合には、粉自身が出すガスのために、粉が膨れ上がってきます。

4 コーヒーが落ち始める

少しずつお湯を入れていくと、ネル袋の先端からコーヒーの抽出液が出てきます。お湯が中心から外側に向かって、袋を膨らませるイメージで、少しずつお湯の量を増やします。

5 さらにお湯を注ぐ

袋の中心から同心円を描くようにお湯を注いでいきます。ただし、袋を支える枠にお湯がかからないようにしましょう。

6 抽出終了

必要な量のコーヒーが抽出できたら、袋の中にお湯が残っていてもかまわずにネル袋を外してしまいましょう。袋のコーヒーはすぐに捨て、水洗いをします。

繊細な味わい

サイフォン

喫茶店でよく目にするサイフォンは、
まさにプロの道具といったイメージ。
家庭では手を出しにくい印象ですが、
決められた分量や時間を守れば、
自宅でも同じクオリティのコーヒーが淹れられます。
レトロな形はインテリアとしても楽しめます。

火力を上手に調節することで おいしいコーヒーが淹れられる

サイフォンは19世紀にヨーロッパで発明された方式で、日本でも大正時代に国産のサイフォンが売り出されました。

サイフォン式の大きな特徴は、きちんと分量や手順を守りさえすれば、誰でも同じクオリティのコーヒーを淹れられる点です。

またペーパーやネルドリップに比べて工程が短時間ですむこともあり、喫茶店全盛時代に広く普及しました。

そのせいで〝プロの道具〟としてのイメージが強く、さらに繊細なガラス製品でもあるので扱いにくく、素人には敷居が高く感じられるのも事実です。

しかしその存在感とサイフォンが演出してくれる雰囲気は、他の器具とは比べものになりません。ちなみに家庭でサイフォンを使う場合はバーナーのかわりにアルコールランプを使います。

step 1 サイフォンをセットする

point サイフォンはガラス製の器具です。その取り扱いには注意したいものですが、どうしても上部の容器（ロート）を破損することも多いので、購入するときには、スペアが簡単に手に入るかチェックしましょう。

撮影協力／VICTORIA 新橋店 (P.126参照)

1 フラスコに水を入れる

サイフォンの下側にあるフラスコ部分に水を入れます。このときには、きちんと人数分の水を入れておきます。お湯を使うと、その後の工程が早く進みます。

2 フラスコの水分を拭く

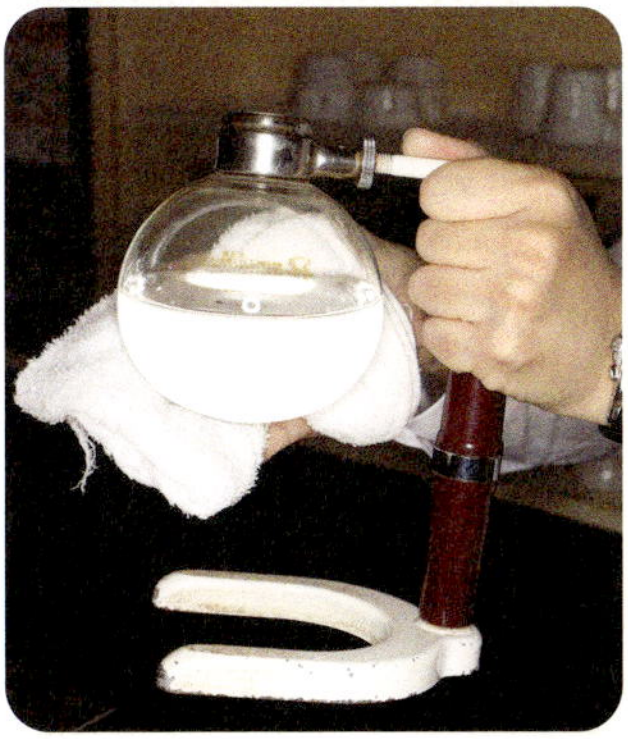

火にかける前に、フラスコの外側を拭いておきます。フラスコにお湯を入れた場合には、ここで火傷をしないように気をつけましょう。

3 火にかける

喫茶店ではガスバーナーやハロゲン・ヒーターを使いますが、家庭ではアルコールランプを使うのが主流です。周囲に燃えやすいものがないか十分注意してください。

4 粉を用意する

ロートにコーヒー粉を入れます。このとき淹れる人数分の粉を入れておきます。豆は少し粗めに挽いたものを使います。

step 2 お湯がロートに上がるのを待つ

point

サイフォン式で淹れる場合、その動作にはちょっと儀式めいたところがあります。アルコールランプの炎でお湯を沸かすことも、雰囲気の演出になっていますが、何といっても竹べらでかき混ぜる瞬間がポイント。喫茶店のマスター気分でキメてみましょう。

5 ロートをセットする

サイフォンのフラスコに、粉をセットしたロートを差し込みます。このままの状態で、フラスコの水が沸騰するまで待ちます。

6 お湯が上がりはじめる

フラスコの水が沸騰したら、ロートをしっかりとフラスコ部分に差し込みます。接合部から蒸気が漏れると水が上部に上がっていかないので注意しましょう。

7 粉をかき混ぜる

お湯が半分ほど上部に上がってきたら、竹べらなどで粉をかき混ぜます。静かに、ただしすばやく数回撹拌します。

8 お湯が上がりきるまで待つ

そのまま沸騰が続き、ロートにフラスコの水がすべて上がりきるのを待ちます。上がりきったところから時間をはかります。

how to ● サイフォンの淹れ方

step 3 コーヒーを抽出

point 火を止めてからコーヒーがフラスコに落ちていくまでの時間は、ちょっと幸せなひとときでもあります。その後、ロートを取り外す時は壊してしまわないかと緊張しますが、あんまり力まずにやってみましょう。

9 コーヒーを抽出する

沸騰させたままおよそ1分間待ちます。その間に、竹べらでもう一度コーヒーを撹拌します。サイフォンを倒さないように、静かにかき回しましょう。

10 火を止める

火を止めます。アルコールランプを使っている場合は、その場でランプの蓋をして止めるのではなく、ランプをフラスコの下から外してから火を消します。

11 コーヒーがフラスコに移動する

火を止めて少し経つと、コーヒーが下のフラスコに落ちていきます。全部落ちたらロートをフラスコから外します。このとき、パイプをフラスコにぶつけて壊さないよう注意しましょう。

12 できあがり

上手に淹れると、ロートに残されたコーヒーの粉は、ドーム状にきれいに丸くなり、表面は白い泡でコーティングされたようになります。

珈琲の味をすべて抽出

フレンチプレス

紅茶などでも使われるプレス式のポットを使ったフレンチプレス方式。
コーヒーの味や香りを全部味わえる方法として、最近注目されています。
使う器具もいちばんシンプルな方法で、手入れも簡単なのが魅力です。

ポットのデザインも多彩 注目のフレンチプレス

プレスポットにお湯とコーヒーを入れ、数分かけて抽出するフレンチプレスは、コーヒー成分をじっくりと引き出し、豆の持っている個性が味わえるということから、コーヒー好きの間で話題になっている方式です。

コーヒーの格付けをするときには、コーヒー粉に直接お湯を注いでテイスティングを行いますので、テイスターと同じ条件でコーヒーを楽しめるともいえるでしょう。

フレンチプレスに使うポットには金属製のフィルター（細かい網）がセットしてあり、それを押し下げることでコーヒーと粉とを分離します。ペーパーやネルを使わないために、コーヒーが持つ脂分がそのまま抽出されるので、できあがりにはうっすら脂分が浮かびます。

最近ではガラス製だけでなく、ステンレス製など、ポットにも個性的なデザインのものが増えてきたので、インテリアとしても楽しめることでしょう。

how to　フレンチプレスで淹れる

point　フレンチプレス方式で使うポットは、紅茶のプレス式ポットとほとんど同じ構造です。手順がとってもシンプルなので、誰が淹れても同じクオリティに仕上がりますが、お湯の温度だけは大きく影響しますので気をつけたいところです。

1 粉を入れる

ポットにちょっと粗めに挽いたコーヒーを入れます。分量は1人分をおよそ7gとして、人数分の粉を入れます。何度か試して好みの量を決めるといいでしょう。

2 お湯を注ぐ

ポットに人数分のお湯をそっと注ぎます。お湯の温度は沸騰してから少し冷ましたくらいにします。

3 撹拌し、蓋をする

お湯を入れたら、へらやマドラーなどでゆっくりコーヒーを撹拌します。そうすることでコーヒーの抽出は進みます。お好みで手順を省いてもいいでしょう。

4 抽出

フィルターを水面まで下ろし、そのまま3〜4分ほど待ちます。あまり待ち時間が短いと十分に抽出されないので注意しましょう。

5 蓋を押し下げる

時間が来たら、ゆっくりとフィルターを押し下げていきます。あまり勢いよくやるとポットの中で細かい粉が舞ってしまいます。

6 できあがり

フィルターを押し下げたら、コーヒーをカップに注ぎます。コーヒーはちょっと濁りがあり、表面には脂分が浮きますが、いずれもコーヒーの成分です。

味わい広がる

エスプレッソ

カフェラテ、カプチーノ、マッキァートなど、イタリア式のコーヒーは、
中～深煎りの粉から抽出されたエスプレッソがベースです。
つまりエスプレッソがおいしくなければ、カプチーノやカフェラテも
おいしくならないということ。おいしいエスプレッソを淹れましょう。

おいしいエスプレッソがすべてのベースになります

エスプレッソのおいしさのポイントは、豆、挽き方、マシンそして技術の4つだといわれています。この中でいちばん、気をつけたいのが豆選びです。エスプレッソ用に売られている市販の「イタリアンロースト」は、焼きすぎて豆の成分が酸化していることが多いので、家庭で楽しむならシティローストからフルシティローストの間で選んだほうがおいしく淹れられます。

また挽き方も、極細ならいいというわけではなく、煎り具合によって粉の細かさは異なります。目安は「ホルダーにすりきりの粉を入れ、20～30秒の間に20～30mℓの抽出ができればＯＫ」です。

最近の家庭用のマシンは高性能なものが多いので、何度か試してみましょう。手軽にエスプレッソを楽しみたいなら、カフェポッドがおすすめです。面倒な手間をかけずに、本格的なクレマ（表面の泡）もできます。

how to マキネッタ（直火式エスプレッソメーカー）で淹れる

point

価格がもっとも手ごろで簡単に淹れられるのがこの直火式。マキネッタは手軽ではありますが、脂がたまりやすく、アルミ製だとなかなか除去しにくい欠点もあります。ただ掃除をしすぎると今度は金属臭さが出てしまうので注意して下さい。

撮影協力／ロ・スパツィオ（P.127参照）

1 ホルダーに コーヒーを入れる

マシンの各部位を切り離します。ホルダーを取り出し、その中にコーヒーの粉を入れます。

2 余分な粉を落とす

次にホルダーに入った粉の表面が、平らで均一になるように盛り上がった部分（中央など）をすりきりして余分な粉を落とします。

3 ボイラーに 湯を入れる

下のボイラー（火にかける部分）部分の、安全弁（ネジがついている）の下までお湯を入れます。水でもいいですが、加熱時間が長くなるとおいしくなくなるため、お湯のほうがいいでしょう。

4 ポットの合体

ボイラー部分にホルダーの入った上部をかぶせ、しっかりと閉めます。きっちりとまっすぐ付けないと圧力が逃げてしまい、上手に抽出されません。

5 最初は強火で

ガスコンロなど安定の悪いところに火をかける場合は、写真のように網などを使います。最初は強火、沸騰してボコボコ音がしてきたら火を消して、約30秒でできあがりです。

イタリアの家庭で楽しまれている

マキネッタは、高価なマシーンがなくても手軽にエスプレッソが楽しめます。直接火にかけて、沸騰したお湯が中の管を通過して上昇し、コーヒー液が抽出される仕組み。ワンショット用の小さなものからサイズがいくつかあり、値段も手ごろなので入門用にもどうぞ。

how to ● エスプレッソマシーン　step 1 セット

point　もっともポピュラーなエスプレッソマシンで淹れてみましょう。ポイントはおいしいエスプレッソを作る準備として、マシンにお湯を通したり、カップを温めたりする下準備が必要になります。

1 マシンとカップに湯通し

金属が熱せられるとイヤな臭いが出るので、カップと同時にマシンも温めます。次にエスプレッソの抽出口から数秒間お湯を流します。カップは湯で温めておきます。

2 豆を挽いてホルダーに

コーヒー豆を挽いたら、レバーをワンプッシュして粉をホルダーに入れます。コーヒーは均等な高さにならしておきましょう。同じ圧力をかけることがエスプレッソには重要です。

3 余分な粉をはらう

ホルダーに粉を入れたら、余分な粉をはらい落とすため、指を使って粉を平らにならしておきます。

4 タンピング（圧力をかける）

タンピングとは押しこむように圧力をかけて詰めること。タンパーという専用の器具もいろいろあるので、それらを使うといいでしょう。

step 2 抽出

point
マシンとカップを温めてきれいにしたら、お店ではまず1杯入れて捨ててから、あらためて本番の1杯を淹れなおします。家庭ではここまでこだわらなくてもOKです。エスプレッソのコツはコーヒーの粉に均等に圧力をかけること。そのためのタンピングという作業が重要になってきます。

5 コーヒーを抽出

粉の入ったホルダーをマシンに取り付けて、カップを置いてエスプレッソを抽出します。コーヒーの液が出てきたら、色や具合を確認し、この１杯は捨ててしまいます。

6 本番は２杯目から

再びエスプレッソの粉をホルダーに入れ、余分な粉をはらい、均一に圧力がかかるようにタンピングを行います。

7 再びマシンにセット

ホルダーをマシンに取り付け、温めてあったカップをエスプレッソの抽出口の下にセットして、ボタンを押して抽出します。

8 カップにエスプレッソを注ぐ

カップにエスプレッソを抽出し、カップの大きさに合わせて、ちょうどいいところでスイッチを止めれば、できあがり。

how to　カフェポッドで淹れる

point　掃除がラクで、おいしく淹れられる。家庭用におススメなのがポッド式のマシンです。1杯分の粉が平らなパックになっているので、淹れるのも後始末も比較的簡単です。最初にカップとマシンに湯を通しておくのがよりよいコーヒーを淹れるコツになります。

1 湯通しをする

最初に空の状態でホルダーを締め、エスプレッソを最適な状態で抽出するためにカップとマシンに湯を通して温めます。

2 ポッドをスタンバイ

ドリッパーの中心からカップを外しておき、カフェポッド用のポッドを袋から出してスタンバイしておきます。

3 ポッドをマシンにセット

取り出したカフェポッドをマシンにセットして、レバーを下ろして締めます。カフェポッドはいろいろな種類が市販されています。

4 エスプレッソを抽出

カップを注ぎ口に置いてエスプレッソを抽出します。ちょうどいい量まで注がれたら、タイミングを見計らってスイッチを止めます。

美味しく楽しむ

カフェラテ・デザインカプチーノ

ラテは家庭で、カプチーノは外で。
イタリアではほとんどバールでカフェラテを飲まないといいます。
また、絵が描かれたカプチーノをラテアートと言うのはアメリカ式。
イタリアならデザインカプチーノと呼びます。

マシンとクリーマーで作るフォームドミルク

カフェラテはイタリア語でコーヒーとミルク。エスプレッソに温めたミルクを入れたものを〝カフェラテ〟。泡立てたフォームドミルクを載せたものを〝カプチーノ〟と呼びます。今回、フォームドミルクは、エスプレッソマシンに付いたスチーマーとミルクフォーマーで作りました。家でカプチーノやラテを楽しむなら用意しておきましょう。

ミルクは成分無調整のものを使います。加工乳になるとコクはありますが、温めた際に脱脂粉乳のミルク臭さが出てしまいます。同様に低温殺菌乳も油分と水分が分離していくのでカプチーノ類には向きません。

カフェラテの作り方

①エスプレッソを作る
ミルクを温めておく。エスプレッソをカップの半分くらいまで入れておく。

②エスプレッソにミルクを注ぐ
エスプレッソの上に、温めたミルクが混ざるように上から注いだら、できあがり。

how to　スチーマーで作るフォームドミルク

point　空気を抱き込むことで、キメの細かい泡ができます。ミルクを対流させるのは、温めて、なめらかな状態にするためです。ピッチャーは温度が感じられるようステンレス製でくちばしの深いタイプを使います。

1 スチームの空ぶかし

最初にミルクに余分な水分が入らないようにスチームを空ぶかします。すぐできるよう、あらかじめミルクをピッチャーに半分程度入れておきます。

2 空気を抱き込むように

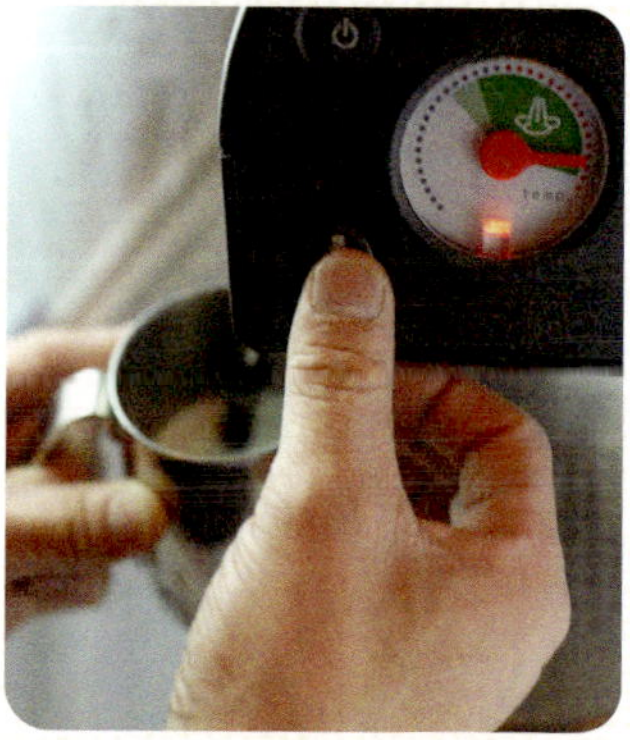

ピッチャーのくちばしの根元あたりの位置まで、マシンのノズルの先端を入れ、スチームを出します。５秒ほどそのままにして、空気を抱き込むためにピッチャーをやや傾けます。

3 ノズルを奥まで入れる

数秒で２段階に分けピッチャーを下げてノズルを奥まで入れ、それ以上、空気を抱き込まないようにミルクを対流させます。ピッチャーが熱くなって持てなくなるくらいまで行います。

4 たたいて泡をつぶす

最後に大きな泡をつぶすために、トントンとピッチャーの底を打ちつけるようにします。ミルクのベストな温度は58〜63℃。甘みがあり、おいしく感じられるでしょう。

how to　専用フォーマーで作る

point　比較的手に入りやすいフォームドミルク用の器具があります。これがあればエスプレッソマシンがなくてもカプチーノなどが楽しめます。ミルクは温めすぎないように注意しましょう。たんぱく質ができて泡がかたくなりますし、甘みが感じられなくなってしまいます。

1 ミルクを温める

ミルクを58～63℃に温めます。65℃以上になるとミルクと泡が分離してしまい、やわらかな泡ができず、甘みを感じるラクトースという成分も感じられなくなるので注意します。

2 しっかりフタを閉め、セット

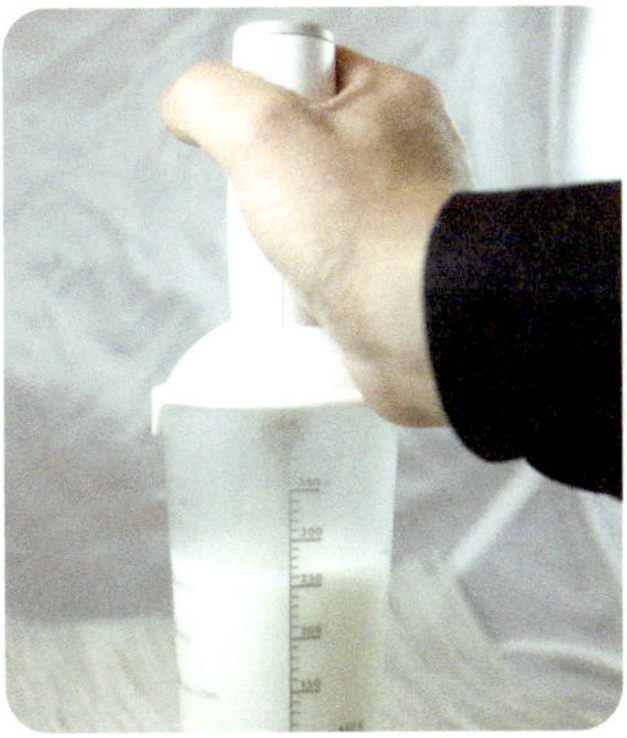

温めたミルクをポットに移したら、フタをしっかりと閉め、回転式のフォーマーをセットします。ポットのまま電子レンジで温められるものもあります。

3 ミルクを撹拌して泡立てる

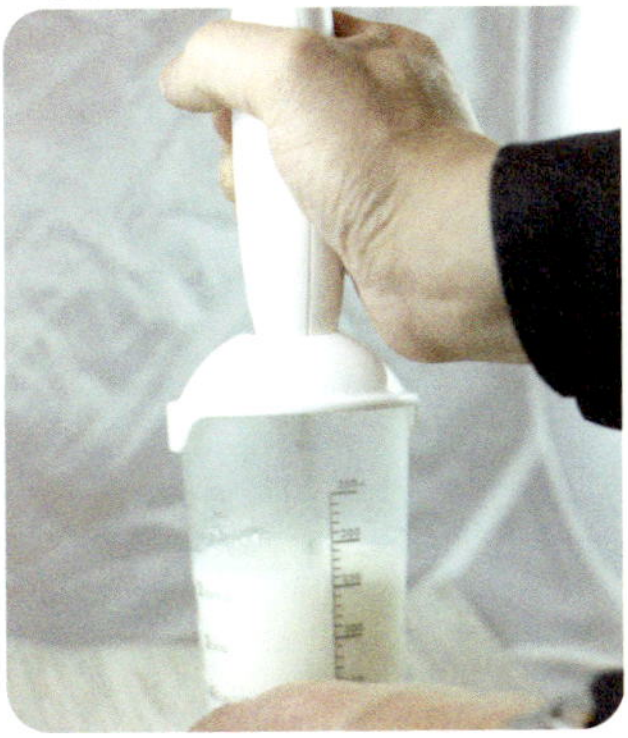

スイッチを入れ、20～30秒本体を押さえながらミルクを泡立てます。２～３度上下させて、空気を抱き込みます。クリーマーによって時間などは異なります。

4 泡を整えてからミルクを使う

なめらかで細かい泡ができてきたらスイッチを切ります。一度容器を回して泡とミルクを撹拌してから、泡立てたミルクをエスプレッソなどに載せます。

how to ● デザインカプチーノ　ハート

point　デザインカプチーノに必要となるのはミルクピッチャーです。注ぎ口が深く切り込んであるものが使いやすいでしょう。デザインカプチーノの中でも比較的ビギナーにも挑戦しやすいのがハートです。最初は円を描く練習から始めてみるのがおすすめです。

1 フォームドミルクを作る

まずはフォームドミルクを作ります。きめ細かい泡を作るためには、ピッチャーをたたいて衝撃を与えて粗い泡をつぶしておきます。

2 傾けた中心にミルクを注ぐ

フォームドミルクを入れたピッチャーで、エスプレッソの表面より10cmほど上から、カップの中心に向けてミルクを注ぎます。このとき、ややカップを傾けます。

3 ピッチャーを下げる

同じ量のままミルクを注ぎながら、ピッチャーの位置を数センチ程度下げて、カップに近づけていきます。

4 ピッチャーを上げる

半分ほど注いで、白い泡が浮き上がってきたら、注ぎつづけたままピッチャーの高さを上げていき、ゆっくりと注ぐ量を増やします。

5 円ができたら注ぎ口を外に

円ができあがってきたら、その手元側の円の外周にピッチャーの注ぎ口をもっていきます。注ぐ量はそのまま変わらず行います。

6 中央の円を切るようにミルクを

円の中央の泡を切る（押す）ように、ミルクを注ぎながらピッチャーを動かし、円の反対側で止めます。高い位置から注ぐことで、落下する力が生まれます。

7 落下する力を利用したハート型

ミルクが落下する力で周りのものを吸い込む作用を利用した結果、しだいにとハートの形になってきました。

8 できあがり

ハートの形が完成。練習して慣れてくれば今度はハートの大きさを調節できるようになります。

how to ● デザインカプチーノ

リーフ

point

基本のカプチーノのデザインの１つ。とはいえ、ハート、犬などより難易度が高いのがこのリーフ。円形、ハート、犬、ネコなどのあとにマスターするべきものです。上級者になるとピッチャーを左右に細かく振ってリーフの葉脈の部分を細かく描く人もいます。

1 傾けたカップの中央に注ぐ

ピッチャーで、カップの中央あたりにミルクを注ぎます。すぐに注ぎ口をカップの中心に持っていきます。

2 ホースで水を撒くように

注ぎ口を左右に少しふりながら、移動していきます。イメージとしてはホースで水を撒くような感じで。注ぐミルクの量に合わせ、あまり大きくふらないようにしましょう。

3 白いラインが浮き上がる

ある程度ミルクの出ている状態で左右にふっていると、白い部分がライン状に浮き上がってきます。

4 奥から手前に注ぐ

白いラインが出てきたら、奥から手前に注ぎ口を動かしていきます。手前まできたら、注ぎ口を上げます。そのままミルクだけが出ている状態で再び奥に押すようにします。

5 できあがり

リーフのデザインが終了。最初はなかなか形がうまくいかないので、何度も練習してみましょう。左右にふる際は手首を使って動かします。

how to ● デザインカプチーノ　犬

point　犬やネコなど、動物の顔のデザインは、円形のバリエーションです。難易度としては中程度。ただ、リーフや円、ハートでは使わなかったピック（楊枝など）を使うので、ペイント気分は味わえます。まずは円を描けるようになってから挑戦しましょう。

1 頬のラインを描く

最初にフォームドミルクを注いで、ハートを作ります。次にエスプレッソをピックにつけ、頬の左右のラインを描き入れます。

2 顔の輪郭を入れる

顔の輪郭になるように、エスプレッソをピックですくいとってきて、耳のラインを片側に入れます。

3 鼻と口を描く

エスプレッソの色をつけながら、横のライン状の鼻と、口、舌を描き入れます。しだいに犬の輪郭ができてきました。

4 仕上げに目を入れる

最後にポイントとなる目を描き入れます。目は表情を大きく左右するので、自分の描きたい顔を意識しましょう。点を打つような感じでもかわいいかもしれません。

5 できあがり

最後に目の部分が描けたら犬の顔の完成。カップの取っ手の位置を意識しながら、真ん中に犬の顔が来るようにしましょう。

how to ● デザインカプチーノ

うさぎ

point　人気があるうさぎの顔は耳があるため、犬よりも難しいデザインです。まずは小さな円を作り、次に耳になるハートを作るのがポイントになります。耳になるハートが自分の手前に来るように描いていくとやりやすいでしょう。

1 ３分の１の円形

まずは「ハート」編でやった要領で、カップ全体に対して３分の１程度の小さな円形を作ります。

2 注ぐミルクの量を増やす

白い部分が浮き上がり、円形ができたところで、ピッチャーを同じ高さのままで、もう一度注ぐ量を増やしていきます。

3 耳を作る

ピッチャーを小さく左右にふって、手前に小さなハートができたら、それが耳の部分になります。カップの方向を変え、鼻を入れます。

4 鼻はしっかりと

ピックにエスプレッソをつけながら、顔のパーツを描き入れていきます。まずは、鼻。その次に頬の部分。

うさぎ［仕上げ］

point

カプチーノは実はぬるめのほうがおいしく感じるといわれます。ミルクの甘さを感じる温度が60℃位なので、自然の甘みを楽しむことができます。しかもフォームドミルクできれいに泡ができるのも、実は60℃前後。デザインカプチーノは、おいしく楽しむイタリア人ならではの発想といえます。

5 口の周りを描く

同じようにピックにエスプレッソをつけながら、ピックで口の周辺を描きます。ひげの毛穴の点も描いておきましょう。

6 口の曲線を入れたら完成間近

鼻と頬の下に、口を描きます。小さな曲線を入れる感じで。口角を下げてみるのもいいかもしれません。

7 左右にひげ

ひげを入れます。ひげは長くしないで、短く左右に描きます。顔の向きや大きさのバランスを考えながら、左右の長さを計算しましょう。

8 仕上げは目

最後に目を入れたら、できあがり。正面ではなく少しななめになっているのがポイントです。

9 できあがり

ちょっぴりファニーなうさぎが完成。描く人によって表情などもまったく変わってくるので、自分流にアレンジをしてみましょう。

涼を呼ぶ１杯

アイスコーヒー

夏になるとアイスコーヒーが飲みたくなります。
喫茶店やカフェで味わうのもいいですが、
実は家庭でもカンタンに淹れることができます。

浅煎りの豆

酸味が強く苦味が弱いので、水で薄まるアイスコーヒーには、一般的には向かないとされます。

深煎りの豆

黒く表面に脂が浮いたイタリアンローストなどの苦味の強い豆を使用します。

本格的アイスコーヒーは家庭でも簡単に淹れられます

自宅でお気に入りの豆を選んでドリップしているけど、アイスコーヒーはリキッドタイプのボトルを買って飲んでいる——という人は意外に多いようです。

喫茶店で出すアイスコーヒーには3タイプあります。通常より多めの粉を使って、ペーパードリップで氷の入ったグラスに直接淹れるタイプ。ネルを使って多めに淹れて、冷蔵庫で冷やしておくタイプ。専用の器具を使って、長時間（8時間位）かけて水で抽出するタイプ。

それぞれに味の特徴と利点がありますが、家庭では手軽にできておいしいのがいちばんでしょう。そこで、麦茶のように水で抽出する方法とペーパードリップのふたつの抽出方法を、専用の器具を使って紹介します。

気をつけたいのは、深煎りの豆を選ぶことと、中細挽きにすること。粗引きではうまく抽出されず、できあがりが薄くなります。

how to ● 水出しポット for アイスコーヒー　抽出

point

アイスコーヒー用として売られているものや深煎りの珈琲豆を使用します。1000mℓのコーヒーを作るには粉は標準で80g必要です。濃いのが好きなら100g使ってもいいかもしれません。ホットのコーヒーより多めの粉を用いて、8時間冷蔵庫に入れておくだけでできあがります。

1 ストレーナーに粉を入れる

1000mℓのポットに80gが標準の量。挽き方は中細挽きがベター。粗引きだとできあがりが薄くなり、細引きだとメッシュから微粉が出て仕上がりが粉っぽくなってしまいます。

2 ポットにセットして水を入れる

粉全体が湿るようにポットなどを使って少しずつ水を注ぎます。あまり早く入れたり、水道から直接入れたりするとあふれてしまうので気をつけましょう。

3 コーヒー粉をかき混ぜる

粉と水をなじませるために、マドラーなどでストレーナー内をたまにかき混ぜるのがコツ。ただ、あまりかき混ぜすぎると、にごった苦味の強い仕上がりになるので注意してください。

4 冷蔵庫で約8時間おく

ポットにフタをしてストレーナーを入れたまま、冷蔵庫で約8時間寝かせます。夜寝る前に作っておけば、朝起きて飲めます。ストレーナーは漬けすぎると苦味の原因になります。

how to ● ペーパードリップ for アイスコーヒー

step 1 抽出

point お湯を使ってドリップしたコーヒーを、氷の入ったサーバーやグラスに入れてもアイスコーヒーは作れます。このとき、氷で溶ける分を計算して粉の量を1.5〜2倍くらい使用します。一瞬で冷却することで香り高いアイスコーヒーを作ることができます。

1 急速冷凍するための氷を用意

氷がたっぷり入れば、ふだん使っているサーバーでも問題ありません。写真のようにアイスストレーナーがセットになった専用のアイスコーヒーメーカーも市販されています。

2 深煎りの粉を多めに入れる

深煎りの粉を中細挽きにしたものを、通常の1.5〜２倍程度使用。氷で解けて薄まるぶん、濃い目に淹れるように心がけます。粉を多く使うのでドリッパーも大き目のものを用意します。

3 お湯の温度は高めに

コーヒーの苦味を出すために、90℃位の熱めのお湯を使います。通常のドリップと同じように、中心から円を描くように湯を注ぎ、粉全体を湿らせます。

4 粉を蒸らす

サーバーにお湯が落ちるか落ちないか程度にまんべんなく注ぎ、30秒〜1分間粉を蒸らします。新鮮な豆ならば、この間に粉がどんどん膨らんでいきます。

how to ● ペーパードリップ for アイスコーヒー　step 2 冷やす

point
苦味を出すために高めの温度で抽出したコーヒーを一気に氷で急冷して、その氷が溶けてしまう前に氷を取ることが最大のポイントです。薄まらず香り高いアイスコーヒーを作ることができます。ご家庭にある道具で抽出できるので手軽に楽しめます。

5 ゆっくりと抽出する

静かにゆっくりと円を描くように、ドリッパーの中心にお湯を注いでいきます。通常行っているドリップと同様のやり方でOKです。

6 氷に直接あたるように淹れる

ドリッパーから落ちたコーヒーが氷に直接あたるようにして急速に冷やすことが最大のポイントです。小さい氷だと、溶けてしまうので大きめのロックアイスを使うのがおすすめです。

7 氷を取り除く

氷を入れたまま放置すると、氷がどんどん溶けて薄くなってしまうので、かき混ぜてコーヒーが冷えたら、氷をすぐに取り出します。氷より上までお湯を注がないことも秘訣です。

8 できあがり

専門店と同じような、すっきりとした飲み口の香り高いアイスコーヒーのできあがり。氷の入ったグラスに注いで飲みましょう。冷蔵庫に入れておけば２日くらいは日持ちします。

column 4

誰でもカンタンにできる
ペーパードリップの秘密

自宅でコーヒーを淹れる場合、ペーパードリップを使っている人は多いでしょう。

この〝ろ紙〟でコーヒー粉を漉して抽出する方法は、20世紀初頭のドイツで生まれました。当時、コーヒーの抽出は布や金網で行われており、不衛生なうえ手間のかかるものでした。

1908年にドレスデンに住むメリタ・ベンツ夫人がコーヒー好きの夫に、おいしいコーヒーを飲ませたいと、小さな穴を空けた真鍮製の容器にろ紙を載せ、コーヒー粉を入れてお湯を注ぐ方法を考えつきます。粉がカップに入ることもなく、ごみ捨ても簡単で、ろ紙がコーヒーの雑味を吸着することから、味もおいしいコーヒーが淹れられるようになりました。ペーパードリップシステムの誕生です。

その後、改良が重ねられ、1960年代にお湯を注ぐだけで、おいしいコーヒーが淹れられる「メリタ」の代名詞、1つ穴のドリッパーが生まれました。

もうひとつのドリッパー「カリタ」は1959年に川崎で生まれた日本のメーカー。カリタ式ドリッパーは、抽出穴が3つ空いているのが特徴です。抽出速度が速いので何回かに分けて注げば、好みの味に仕上げられることから、よりこだわりを持つ人たちに受け入れられました。

円すい形のドリッパーは、コーノ式とハリオ式などがありますが、台形のドリッパーが内側にコーヒーの液体を溜め込んでから抽出するのに比べ、ドリッパーに接することなく1箇所から抽出されるので、ネルドリップのようなコーヒーが味わえます。

このように、ペーパードリップは簡単なのに奥が深いのです。

4章 焙煎に挑戦しよう。

プロの技といえる焙煎もコツがわかれば自分でもできます。
満足いく仕上がりにならなかったとしても、
何度も試行錯誤して好みの味を探すのも楽しいものです。
この機会に自宅焙煎にチャレンジしてみてはいかがでしょうか。

自分好みの味を追求するなら自宅焙煎をしてみよう

コーヒーの味を追求しつづけると、焙煎に行き着くとよく言われます。
自家焙煎店を開く店主は、趣味が高じて…というケースも多いとも聞きます。
実際、焙煎をするのは必要な道具と生豆が手に入れられれば、ダレにでもできます。
しかし、おいしいコーヒーにするのは、そんなに簡単なことではありません。
そこがコーヒーの奥深さであり、楽しいところでもあります。

好きな豆を好みの焙煎にする究極の贅沢は意外とカンタン

コーヒーの味は、焙煎方法に大きく左右されます。また、焙煎した豆は、時間が経つほど味が落ちていきます。生豆の状態なら日持ちするのに、焙煎すると1～2週間で、生鮮食品と同じように香りが落ちて風味が悪くなっていきます。

家の近所や通販で、自分好みの豆を焙煎してくれるお店があれば、飲む分だけ購入できるので問題ありませんが、そうでなければ、自分で焙煎してみてはいかがでしょう。

自宅焙煎には、プロが使うような何キロもの豆が焼ける釜を購入する必要はありません。金物屋なので手に入る『銀杏煎り』で十分（詳しくはP92～参照）です。

実際にやってみると、室内なら匂いや煙の問題や、周りに豆の薄皮（チャフ）が飛び散り後で掃除が大変だったり、火力の加減や均一にどの豆も芯まで熱を入れるのが難しく感じられるでしょう。

しかし、自分で煎った豆は作業の過程も楽しめるし、何より煎りたてを新鮮なうちに飲める贅沢は、また格別なものがあります。

生豆の選び方

同じ品種の木でも、栽培地の環境によって珈琲豆の味わいは異なります。農園ごとに個性があるスペシャルティの豆よりも、最初は産地ごとの大まかな特徴を理解して購入してみましょう。

豆の特徴を知る

ブルーマウンテン

最高級ブランドとして知られる香りが高い豆。他にも粒が小さく肉薄な豆は、含水量が少ないので煎るのが簡単です。

マンデリン

中深炒りに向く豆なので、苦味の好きな人におすすめ。他にはブラジルやケニアなども苦味系の好きな人に向いています。

ペルー SHB

高地で栽培される豆。コクと酸味のバランスがよく、深煎りの入門用として最適。他にはタンザニア、ケニアも深煎りに向いています。

パナマ SHB

スッキリした酸味系が好みなら、焙煎は中煎り程度に仕上げます。他にはタンザニアやコスタリカなども酸味系に分類できます。

マラウイ・ゲイシャ

ティピカ種の改良品種。豆は細長く、非常に個性的な味わいを持っています。希少な品種なので試してみてはいかがでしょう。

一度に焙煎できる量でいろいろと試してみよう

スペシャルティコーヒーを扱っている自家焙煎店や珈琲豆を大量に扱うショップなどでは、生豆を販売してくれます。

今では、ほとんどの店がインターネットでも注文を受け付けていますので、手軽に購入することができます。

このとき、産地や農園など、自分の好みの味で選びます。できればその豆に適した焙煎度合いを教えてもらうとベストでしょう。

焙煎しやすい豆って？

粒の大小は、コーヒーそのものの品種の違いや産地や農園によっても異なります。一概にどちらが高品質とは言えず、それぞれの個性として捉えたいところ。ただ、自分で煎る場合は粒が小さく平らなほうが含水量が少ないので、比較的煎りやすいです。いちばん重要なのは、均一に焼くために豆の粒が揃っていることです。

生豆のハンドピック

1 トレイにあける

大き目のトレイに豆が重ならないように広げることで、豆の1粒1粒が見やすくなります。なるべく見つけやすいように明るいところでやるようにしましょう。

2 欠点豆を外す

自分で豆を見る流れを決めて（右上から左下へN字にするなど）、目を動かしていきます。色が違ったり、形がおかしいものはとりあえず外しておくほうがベター。

3 混ぜ合わせる

豆の裏側からも見つけるために、平らに伸ばした豆を混ぜ合わせるように山にして崩し、再度トレイいっぱいに豆を広げます。

4 再度、欠点豆を外す

同じように自分で決めた目の動きで、見落としがないように欠点豆を探していきます。極端に大きかったり小さいものも外しましょう。

焙煎する前には必ずハンドピックを行う

生産地でも、虫食いや発酵した欠点豆を取り除いてから出荷されますが、人の手で行うため見落としや輸送の途中に変化するなど、欠点豆の混入は仕方のないことです。

そこで、焙煎する生豆は必ず、欠点豆をハンドピックして取り除きましょう。

欠点豆といっしょに焙煎すると、色の変化がわかりづらく均一に焼き上げられないばかりか、嫌な臭気が立つこともあります。また、石などの異物が混入しているとミルの刃を痛めてしまうことにもなります。

欠点豆とは？

色が茶色や黒味がかったりしているのが「発酵豆」。写真のように中身がないものは、発育不良などが原因の「貝殻豆」。他に虫にかじられたり、カビているものが混ざっていることもあります。極端に粒が小さいのは未成熟の豆。焙煎後は焼きムラを外しましょう。

取材協力／カフェハンズ

焙煎後もハンドピック

1 トレイにあける

焙煎後、十分に乾燥させたら、生豆の場合と同じようにトレイいっぱいに豆を広げます。焼きムラの豆はすぐ見つかるでしょう。

2 欠点豆を外す

焙煎する前には見つけられなかった未成熟の豆や、焙煎中にできる表面がはげた「剥げ豆」などを外していきます。

3 できあがり

生豆のときと同様に、混ぜ合わせて再度広げて探していきます。全部、外し終わったら完了。さあ、煎りたての豆を飲んでみましょう！

見落としていた欠点が焙煎後にわかることも

自分で焙煎すると慣れないうちは、生焼けや逆に焼きすぎなどが出てしまうのは仕方のないことです。また、生豆のときには見落としていた豆の中身の状態変化による劣化した豆も出てくるので、そういった豆を再度ハンドピックします。

もちろん、そのまま飲むこともできますが、味に雑味が出てしまうので、できれば丁寧にハンドピックしたいところ。また、焙煎後の豆は水分がなくなるので嵩が2〜3割は減ってしまいます。

トレイは二枚用意しよう

生豆の場合は黒っぽい色のものを。焙煎後は白っぽい色のものを使うと、欠点豆を見つけやすくなります。なるべく大き目のほうが、豆を広げやすいのでおすすめ。スポットライトなどを光源にするのもベターです。

生豆購入の際のヒント

ハンドピックは慣れないと時間もかかるし、根気の要るもの。豆を購入する際に、色や形が整っていて欠点豆の混入が少ないものを選ぶようにしたほうが、手間がはぶけます。

好みの豆を煎ってみよう

手網焙煎

銀杏煎りなどの手網を使って珈琲豆を焙煎する方法を紹介します。
コツは、失敗を恐れずに何度もトライすることと、
できればそのときの時間や火加減などを記録しておくこと。
やればやるだけ、おいしいコーヒーに近づきます。

市販の手網を使って手軽にできる自宅焙煎

豆を焙煎する器具にはさまざまな種類があります（P108参照）。その中でいちばん簡単でダレでも手軽に始められるのが「手網」を使った焙煎です。底が平らになった網状の器具なので、熱の通りや煙の抜けがよく、色の変化や豆のハゼる音も聞きやすいので、自分で調整しながら焙煎を行うことができます。

手網のサイズに合わせて、底一面に敷き詰められるくらいの豆の量を入れ、ガスコンロなどの火にかざしながら、前後に網をふりつづけます。

煙や匂いが出ますし、煎り進むうちに、豆の薄皮（チャフ）が剝がれて散らばるので、周囲に新聞紙を敷いてカセットコンロなどでやったほうが、後の処理がラクになります。

慣れないうちは、色や香りの変化、ハゼる状態などを知るために、深煎りまでやってみることをおすすめします。

step 1 生豆をセットする

point
一般の焙煎器にある排気調節弁の役割（ダンパー）を、上部の蓋にアルミホイルを覆うことで行います。これで、豆に均一に熱が伝わるようになります。

1 ガスコンロを用意する

屋内でガスコンロを使ってもいいですが、換気の問題などで、可能なら庭などの外でやったほうがいいでしょう。持ち手が熱くなるので、軍手は必ず用意しましょう。

2 適量の豆を入れる

手網の大きさに合わせて、豆どおしがあまり重ならないように分量を加減します。少ないと火の通りも早いので、何度か試行錯誤してみましょう。

3 蓋のセットについて

写真の手網は、蓋が開かないようにセットできるタイプですが、カチッと閉まらない場合は、クリップなどで留め、焙煎中に豆が飛び出さないようします。

4 ダンパーをセットする

アルミホイルを蓋にかぶせます。ダンパーはなくても焙煎はできますが、熱効率を考えてセットしたほうがベターです。

step 2 焙煎する（1ハゼまで）

point

火からの距離を均一にするため、高さの目安になるものを決めておくとやりやすいです。始めて4～5分でチャフが飛び散り、豆が少し色づきだして、少しすると1回めのハゼ（1ハゼ）が起きます。

5 焙煎を開始する

コンロの火は強火にして、網全体にまんべんなく熱が行きわたるように、網を水平に保ったまま左右にふります。高さは30センチくらいの位置で水平に保ち、ふる速度も変えないようにしましょう。

6 豆の色をチェック

5分経ったら、一度、豆の色をチェックします。全体に緑から黄色ぽくなっていたらOK。順調に火が通っている証拠です。この段階で焦げていれば、火が強い可能性があります。

7 チャフが飛び散りだす

しばらくすると、チャフ（薄皮）が剝がれて回りに飛び散りだします。豆の香りが青臭いものから、徐々に香ばしいものへと変化します。豆の水分を抜くイメージでやりましょう。

8 1ハゼを確認

10分くらいすると、パチパチと豆がハゼる音がしてきます。この音が1ハゼの合図で、急激に訪れますので、網を振る手が疲れてきても、動きを止めないように。

step 3 焙煎する（2ハゼ）

point 1ハゼがバチバチと大きな音なら、2ハゼはピチピチと控えめな音。好みの煎り加減になったら火からおろし、すばやく冷却しないと余熱で焙煎が進むので注意しましょう。

9 ダンパーを外す

1ハゼの音を合図に、アルミホイルのダンパーを外します。火から離さずにすばやく行いましょう。この段階で焙煎を終了すれば、中煎り程度のミディアムローストに。

10 2ハゼが起こる

1ハゼが終わって少し経つと2ハゼが起こります。目安として15分くらい。2ハゼの始まりがハイロースト。2ハゼのピークがフルシティくらいと一気に焙煎が進みます。

11 目標の煎り加減で終了

好みの煎り加減になったら、火を止めて網をおろします。時間の経過は条件によって異なるので、できればデータを取っておくと、次にやったときに失敗しないでしょう。

12 すばやく冷ます

手網からザルに豆をあけて、ドライヤーやうちわなどで手早く豆を冷まします。余熱で焙煎が進んでしまうので、一気に冷ますことが肝心。

column 5

自分好みの味をさらに追求

オリジナルブレンドを楽しんでみよう

喫茶店や自家焙煎店で、必ず見かけるのがブレンドコーヒーです。ブレンドはその店の主人が、ストレート豆の比率を考えて混ぜ合わせて、独自の味を作り上げた自信作なのです。

コーヒーの好みの味がわかってきたら、ちょっと遊びのつもりで、自宅でマイブレンドを楽しんでみてはいかがでしょう？

難しく考えずに、好きな豆をミックスしてもいいし、苦味のある深煎りのコクと酸味のある浅煎りの香りを混ぜ合わせても面白いかもしれません。

このときに、セオリーを知っていると、失敗せずにすみます。

まず、豆の状態で混ぜてからいっしょに挽きます。挽き具合が同じになることで抽出が均等になり、粉の鮮度の差もなくなるので純粋に豆の個性が混ざり合うわけです。

ただし、生豆の場合はブレンドして焙煎をしないようにしましょう。珈琲豆の持つ含水量や脂分などが異なりますので、煎りあがりにムラが出る要因になります。

ブレンドのコツは、ベースとなる豆を5割以上使い、その豆の個性と異なるものを合わせること。たとえば、組み合わせる豆の個性を出してくれるブラジルをベースに、酸味のあるキリマンジャロを合わせたり、あるいは甘みのあるグアテマラを合わせたり……。

自分の好きな珈琲豆に、足りないもの、逆に強調したいものを考えて、豆を選ぶといいでしょう。この際に、組み合わせる数は、2～4種類位で合わせたほうがうまくいきます。

何度か試して、自分なりのブレンドを完成させるのも楽しいものです。

5章 道具を揃えよう。

おいしいコーヒーを淹れるために、
高価な道具は必要ないけれど
使いやすい道具を揃えておきたいもの。
おすすめの珈琲器具を紹介します。

MILL
ミル

器具に合わせて風味を損なわないように豆を挽く。
挽きムラがなく、熱の発生がないことがポイント。

Automatic Mill
電動ミル

電動の利点は短時間で手軽に豆が挽けること。雑味の元になる微粉が出るので小まめな手入れが必要です。

デロンギ
コーン式グラインダー KG364J

低速回転式のコーン式挽き刃を使っているので、熱の発生を抑えコーヒーの香りや風味を損ないません。14段階の挽き具合の設定が可能でエスプレッソ用の極細挽きにも対応しています。
容量：ホッパー 250g、粉受 110g
価格：17,800 円

ハリオ
電動コーヒーミル・シャトル

手軽に電動ミルを使いたい人におすすめの簡単設計。上部のフタを外して豆を入れ、スイッチを押している間、プロペラ型の羽根が回って豆を粉砕する仕組み。挽き具合は、確認しながら好みの粗さで止めます。
サイズ：110×80×190　容量：粉60g
価格：5,250円

カリタ
ナイスカットミル

こだわりの喫茶店で見かける業務用の名機・ハイカットミルのデザインをそのまま小型化した家庭用の電動ミル。性能は折り紙つきで、コーヒーメーカーと同じくらいの大きさなので、置き場所に困りません。
容量：ホッパー200g、粉受100g
価格：25,250 円

メリタ
パーフェクトタッチII CG-5B

臼式のミル歯を使った本格派。細挽きから粗挽きまでダイヤルで4段階に挽き具合が選べます。また最大12杯まで挽きたい分の分量を指定できるのもうれしい。上部のホッパーはフタをしっかり閉めないとスイッチが入らない安全設計。
容量：ホッパー100g　価格：10,500円

デバイスタイル
コーヒーグラインダー GA-1

イタリア製コニカル（円錐形）カッターの採用により、フレンチプレス用の粗挽きからエスプレッソ用の極細挽きまで、無段階調整ができる画期的なミル。回転数が低いので、熱が発生しにくいうえに手挽きセートを搭載しています。
容量:140g　価格:オープン

※価格はすべて税込みです。

Hand Mill
手動ミル

手回しのミルは臼型の歯で豆をカットするように砕いていくので、摩擦熱が出にくく香りが飛びません。

ボダム
ヴェニス　コーヒーミル

手にフィットするスリムな形が使いやすく、シンプルでモダンなデザインが、どんなテーブルコーディネートにも合わせることが可能。スタイリッシュなコーヒーライフを楽しみたい人に。
価格：9,975円

ハリオ
キャニスターコーヒーミルC

キャニスターと一体になっているので、挽き終わった後、そのまま保存ができる便利なミル。場所を取らず、省スペースにもなるので使い勝手がいいです。コーヒーから出る脂分にホコリなどが付かないためのカバーが付属しています。
容量：120g　価格：3,990円

ハリオ
コーヒーミル・セラミックスリム

飲む分だけ挽くのに最適な小型のミル。1～2杯用のサイズで小さな手の人でも挽きやすい。臼型の歯はセラミック製で洗えるので、性能が衰えることなく、いつでも清潔に使えます。
容量：24g　価格：2,625円

ハリオ
コーヒーミル・ロマンN

焼きの入った金属が雰囲気のあるクラシカルな手回しミル。臼はセラミック製なので、切れ味が衰えません。ハンドルの根元についた調整ネジを緩めたり締めたりすることで、挽き具合を調整します。
容量：90g　価格：8,400円

メリタ
コーヒーミルクラシック MJ-0503

木のぬくもりが手に優しい、アンティーク調のクラシックなデザインのミル。刃は耐久性の高い鋳銅可鍛鋳鉄を使用。インテリアとしても優れたデザインです。
容量：30g　価格：4,200円

DRIPPER
ドリッパー

穴の数や形状の違いがあるペーパードリッパー。

単純だが奥の深い味わいを出すことができます。

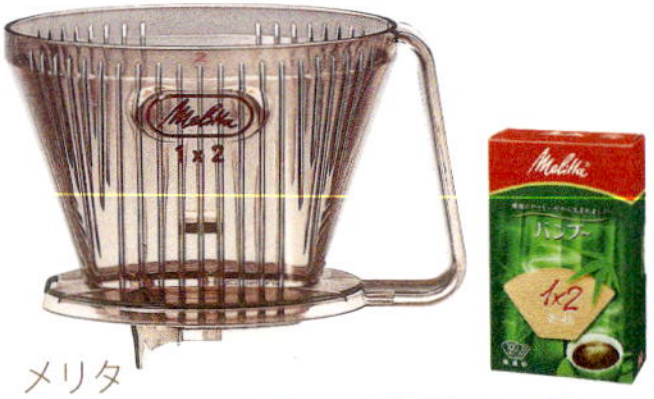

メリタ
アロマフィルター AF-M 1 × 2

メリタのドリッパーは１つ穴。１度にお湯を目盛りまで注げば簡単に、おいしいコーヒーが淹れられる設計です。穴の位置を少し高くしたこのドリッパーは抽出前にコーヒーを蒸らし、アロマを引き出してくれます。
２～４杯用　価格：588円
右)ナチュラルブラウンバンブー／２～４杯用／40枚入り／ 189円

カリタ
185ロト

カリタ
ガラスドリッパー185

３つ穴ドリッパーのカリタから発売されたウェーブシリーズのドリッパー。20個のウェーブが付いたフィルターを使うことで、ドリッパーとの接触面が少なくお湯が均一に流れる設計。底がドリッパーと接しないので、片寄ってお湯を注いでも粉に均一になじみ、安定した抽出で淹れられます。
上) ２～４杯用　材質：セラミック　価格：2,310円
下) ２～４杯用　材質：耐熱ガラス　価格：2,100円
左) ウェーブフィルター185 ／ ２～４人用／ 50枚入り／ 346円

ハリオ
(上) V60 耐熱ガラス透過ドリッパー 02
(下) V60 透過ドリッパー 02 セラミック

ペーパードリップの手軽さでネルドリップの上質な味わいが出せる円錐形のドリッパー。円錐形のペーパーの先が大きな穴から突き出た形が、お湯がドリッパー内に滞留せず抽出されるので、注湯の速度で味わいをコントロールできます。
上)１～４杯用　材質：耐熱ガラス　価格：1,575円
下)１～４杯用　材質：セラミック　価格：1,575円
右) V60用ペーパーフィルター／１～４杯用／40枚入り189円(みさらし100枚 473 円)

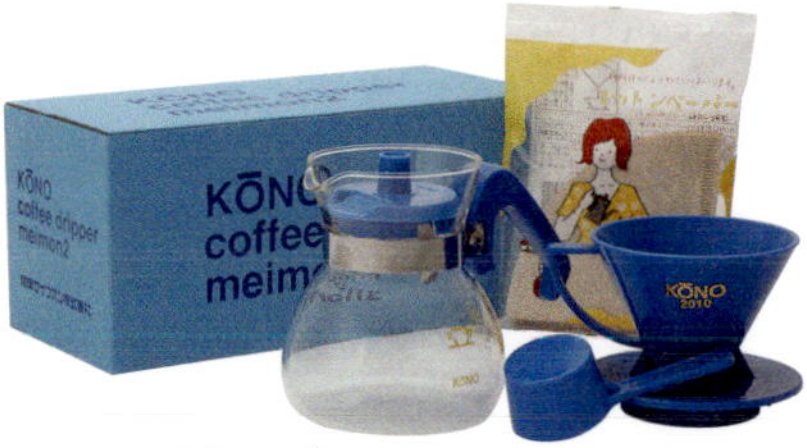

珈琲サイフォン
名門ドリッパーセット 2010限定モデル

プロや珈琲愛好家の間で評判のコーノ式ドリッパー。珈琲サイフォン株式会社の２代目社長が５年の歳月をかけ、研究開発の末 1973年に発売された歴史を持ちます。市場に多く出回らないが、同社の通販から購入できます。
セット内容:スカイブルーフィルター（円錐・2人用）と同色のグラスポット、メジャーカップ、コットンペーパー
価格：4,200円

SERVER
サーバー

ドリッパーで抽出したコーヒーを受けるサーバー。
メーカーを合わせるとしっくりします。

メリタ
グラスポットカフェリーナ 500

ずんぐりとした可愛らしい形は安定性がよく、角度のついた大型ハンドルが持ちやすい。他に6杯用の800、8杯用の1000も用意。多めに淹れるなら、1サイズ大きいサイズを選びましょう。フタに茶漉し付きなので、紅茶や緑茶にも使用できます。
容量：4杯用（500mℓ）　価格：1,365円

ハリオ
V60 コーヒーサーバー 700

同社のV60シリーズ用のサーバー。フタをしたまま電子レンジの使用が可能、底面の縁が持ち上がった形状でテーブルとの接地面を少なくして温度をキープできるなど、考えられた設計です。大型のハンドルもウェーブ状で滑りません。
容量：700mℓ　価格：1,050円

ハリオ
ドリッパーポット　カフェオール

メッシュフィルター付きのドリップサーバー。ペーパーを使わないので経済的で、円錐形のステンレスメッシュフィルターは、コーヒーの旨み成分であるコーヒーオイルを抽出できます。カップになった1人用のワンカップカフェオールも。
容量：300mℓ　価格：3,675円

カリタ
500 サーバー G

同社のウェーブシリーズ用のサーバー。受けの部分が広めに作られ、ドリッパーがぐらつかず、安定感があります。ハンドル部分も一体の耐熱ガラス製で見た目の透明感が美しい。ほかに、ひと回り小さい300サーバーも用意。
容量：500mℓ　価格：1,575円

カリタ
ウェーブスタイル

ドリッパーと一体になったドリップサーバー。見た目も洗練されていて、ダイニングテーブルにそのまま置いておいてもオシャレ。ウェーブフィルターで抽出するので、家庭でプロが淹れるようなコーヒーが楽しめます。
容量：2～4杯用　価格：4,410円

SIPHON

サイフォン

見た目から難しそうな印象を受けるサイフォン。

気をつけて扱えば、香りの高い上品な１杯を約束。

ボダム

ペボ　サイフォン式コーヒーメーカー

ボダム社で最初に作られたオリジナル商品。使いやすい機能とデザインの調和が素晴らしく、そのポリシーは今でも同社の製品に受け継がれています。発売から50年、世界中で愛されるロングセラーのサイフォンです。

容量：1mℓ　価格：8,975円

ハリオ

テクニカ

オーソドックスなスタイルの２杯用サイフォン。同社は１人用のミニフォンから５人用のテクニカTCA-5まで幅広く販売しており、スペアパーツも充実。国産耐熱ガラスにこだわるメーカーだけに安心して使用できます。

容量：240mℓ　価格：6,300円

珈琲サイフォン

SKD型

サイフォンの生みの親・河野彬氏がサイフォンを開発・商品化したのが大正14年。以降、改良に改良を重ね、行きついた「名門サイフォン」は使いやすさと機能美が同居。珈琲愛好家憧れの逸品です。

内容：ペーパーろ過器、竹べらのセット

価格：12,390円（同社HPから購入可能）

NEL DRIPPER

ネルドリッパー

こだわりのコーヒーを淹れるなら

ネルドリップ。コクのある

舌触りが滑らかな味わいを堪能。

ハリオ

ドリップポット・ウッドネック

キメの細かなネルを通してコーヒー粉がゆっくりとろ過されるので、その豆が持つ酸味、苦味などの風味を損なわずに淹れることができるネルドリップ。革と木の自然の素材が使われた専用サーバーがコーヒー時間を盛り上げます。

容量：３〜４杯　価格：3,675円

FRENCH PRESS
フレンチプレス

コーヒー粉をダイレクトに抽出するプレス式ポット。

その豆の持つ個性を丸ごと味わえる抽出方法です。

ボダム
シャンボールコーヒーメーカー

耐熱ガラスと金属フレームからなるデザインは、1950 年代にパリで生まれたコーヒーメーカーそのままのイメージ。定番商品として変わらぬ人気を誇るフレンチプレスはシンプルで使いやすく、香りと旨みが凝縮された1杯を味わえます。
※500mℓ、1ℓも用意
容量：350mℓ　価格：4,200円

ボダム
コロンビア
ダブルウォールコーヒーメーカー

二重構造になっていて真ん中の層に空気が入っているので、放熱を防ぎ数時間の保温が可能。「コーヒーの雫」をイメージした丸みのあるシンプルなデザインと機能性の高さが人気のフレンチプレス。
容量：350mℓ　価格：10,500円

ボダム
トラベル・プレス

フレンチプレス式コーヒーメーカーと同じフィルターがセットされたマグ。ステンレスの二重構造が保冷保温に優れ、夏の結露や冬に熱くて持てないというようなことがありません。持ち手部分のバンドがスタイリッシュ。マイカップとしても。※450mℓも用意
容量：350mℓ　価格：4,725円

ハリオ
二重グラスカフェプレッソ

耐熱ガラスの本体が二重構造になっているので保温性があり、おいしさが長持ちします。コーヒー粉とお湯だけで、手軽に淹れられるフレンチプレス式のコーヒーは、豆の風味がすべて味わえます。
容量：240mℓ　価格：5,250円

COFFEE MAKER
コーヒーメーカー

手軽だけど、それなりの味という印象を払拭する
高機能＆スタイリッシュなアイテムを集めました。

メリタ
コーヒーポッドマシーン JCM-161

手軽にいつでもおいしいレギュラーコーヒーが飲めるポッドマシーン。1杯ずつ抽出する個別包装のカフェポッドを使うので、新鮮なコーヒーがいつでも味わえます。ボタンひとつで濃い目・薄めを選択でき連続抽出も可能。
容量：1.2ℓ　価格：23,100円

ラッセルホブズ
パーソナルコーヒーメーカー ダブルステンレスマグ付

真空二重構造のステンレスマグがセットになった、1杯ずつ抽出できる小型コーヒーメーカー。1杯の抽出時間に約4分をかけ、じっくりと蒸らしながらコーヒーの旨みを引き出します。デスクの上においても邪魔にならないサイズ。
容量：160CC　価格：3,675円

デロンギ
ドリップコーヒーメーカー CMB6

スタイリッシュなコンパクトボディのシンプルで使いやすいコーヒーメーカー。抽出と保温を別々に行うデュアルヒーティングやムラなく抽出するシャワードリップなど機能も充実。ペーパーレスフィルターで経済的。カラーは3色で他にブラックもあり。
容量：780CC　価格：18,900円

カリタ

コーヒーメーカー EC-650

抽出にこだわったカリタ式の3つ穴ドリッパーを採用したコーヒーメーカー。ペーパードリップがカリタ派なら、納得の味わいが簡単にできるので、忙しい朝や急な来客のとき用に1台あると便利。

容量：0.67ℓ　価格：オープンプライス

ラッセルホブズ

スタイルホワイトコーヒーメーカー 14420JP

機能を絞り込んだ使いやすいコーヒーメーカー。パーマネントフィルターが付属し、ペーパーを使うこともできるので、好みで使い分けも可能。一度に12杯まで作れる大容量タイプで煮詰まりにくく冷めにくいプレート温度設定。

容量：1.8ℓ　価格：12,600円

メリタ

アロマサーモステンレス JCM-561

直接ステンレス製保温ポットに抽出されるので、淹れたての味わいと香りをいつでもどこでも好きなときに味わえるコーヒーメーカー。豆のおいしさを引き出す 90℃以上のお湯しか抽出されない高温安定抽出方式を採用。

容量：0.7ℓ　価格：10,500円

サーモス

真空断熱ポット コーヒーメーカー ECD－1000

淹れたてのコーヒーの味わいをそのまま真空断熱のポットにドリップ。味と香りを保温するので、煮詰まらないコーヒーがいつでも好きなときに味わえる。マイコンで蒸らし時間を制御して最適なおいしさで抽出が可能。

容量： 1ℓ　価格：オープン

ESPRESSO MACHINE

エスプレッソマシーン

バールで味わう本場イタリアのエスプレッソや

カフェラテが家庭で気軽に楽しめます。

デロンギ
エスプレッソ・カプチーノメーカー
EC200N

初心者でも簡単にエスプレッソが淹れられるカフェポッド専用ホルダーが付いたエスプレッソマシン。自分の好みの味をパウダーで抽出することもできるので、TPOにあわせて使い分けが可能。カラフルなカラーも可愛いらしい。他にブラック、ホワイトも。

容量：1ℓ　価格：24,800円

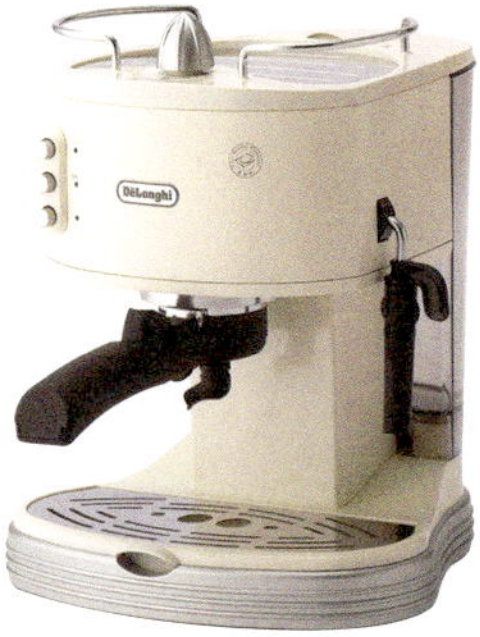

デロンギ
エスプレッソ・カプチーノメーカー
ECM300J-E

エスプレッソの抽出に最適とされる抽出時９気圧・抽出温度90℃を正確に再現した本格的エスプレッソが楽しめるエスプレッソマシン。カフェポッド専用ホルダーも付属しているほか、フォームドミルクが作れる高性能スチームノズル、カップウォーマーも搭載。

容量：1.45ℓ　価格：37,800円

デロンギ
全自動コーヒーマシン
ESAM1200SJ

飲みたいときに挽きたて、淹れたてのエスプレッソが楽しめる全自動コーヒーマシン。コーヒーの抽出からミルクフロスター、給水タンクなどすべて前面で操作が行えるから使いやすい。挽き具合は 7 段階に調整可能。

容量：1.8ℓ　価格：オープン

デロンギ
全自動コーヒーマシン
・ワンタッチカプチーノ
ESAM1500DK

カプチーノ、カフェラテがボタンひとつで自動的に抽出できるコーヒーマシン。ミルクコンテナはフロントで着脱でき、使わないときは冷蔵庫で保存できます。5 段階で濃さを調整できるほか抽出温度も 3 段階に設定が可能。イタリア製

容量：1.8ℓ　価格：オープン

デロンギ
コンビコーヒーメーカー BCO261N-W

エスプレッソ、カプチーノ、ドリップが１台で楽しめる多機能メーカー。ドリップコーヒーを抽出している間にエスプレッソも抽出できるなど、家族で違ったタイプのコーヒーを同時に楽しめる。高性能スチームノズル付き。

容量：エスプレッソ 1.25ℓ
　　　ドリップ 1.35ℓ
価格：34,800円

デバイスタイル
ブルーノパッソ・エスプレッソマシーン TH-W020

エスプレッソの命である表面にできるクレマを引き出すプロ仕様の 15 気圧ポンプを搭載したエスプレッソマシーン。デミタスカップをふたつ並べて2杯同時に抽出が可能。パワフルスチーム機能でカプチーノも作れる。

容量：1.2ℓ　価格：オープン

ビアレッティ
クール・デイ・モカ

エスプレッソマシーンの代名詞ともいえるイタリアのビアレッティ社が、イリーとの共同開発で開発した新機構オペレーションバルブが、圧力調整して抽出をストップ。雑味のないエスプレッソが楽しめます。

容量：110cc　価格：15,750円

デバイスタイル
ハイブリッド エスプレッソコーヒーメーカー HA-W90S

15気圧ポンプで本格的エスプレッソが作れるほか、ミルクフォームでカプチーノやカフェラテ、さらにレギュラーコーヒーまで楽しめるハイブリッドメーカー。ポットは真空二重構造のサーモポットで淹れたてのまま保温。

容量：1ℓ　価格：オープン

ROASTER
焙煎機

好みの味を追求するため自宅焙煎に挑戦！

家庭で使える焙煎機を集めてみました。

ハリオ

コーヒーロースターレトロ

耐熱ガラスの容器に生豆を入れ、付属のアルコールランプで焙りながら焙煎する。ガラス内の豆が見えるので煎りムラが出にくい。ステンレスと木を使ったレトロなデザインの手回しロースターは、そのままインテリアにもなります。

容量：生豆 50g　価格：26,250 円

③ハゼた音がしたら確認

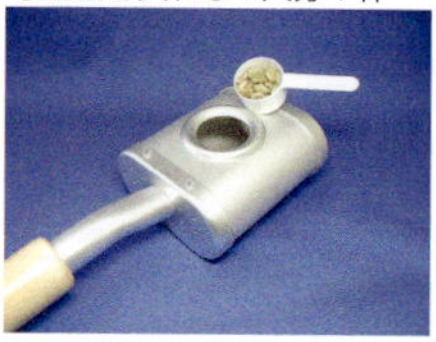

①生豆を入れる１人分１杯

④ザルにあけチャフを取る

②火にかけ左右に軽く振る

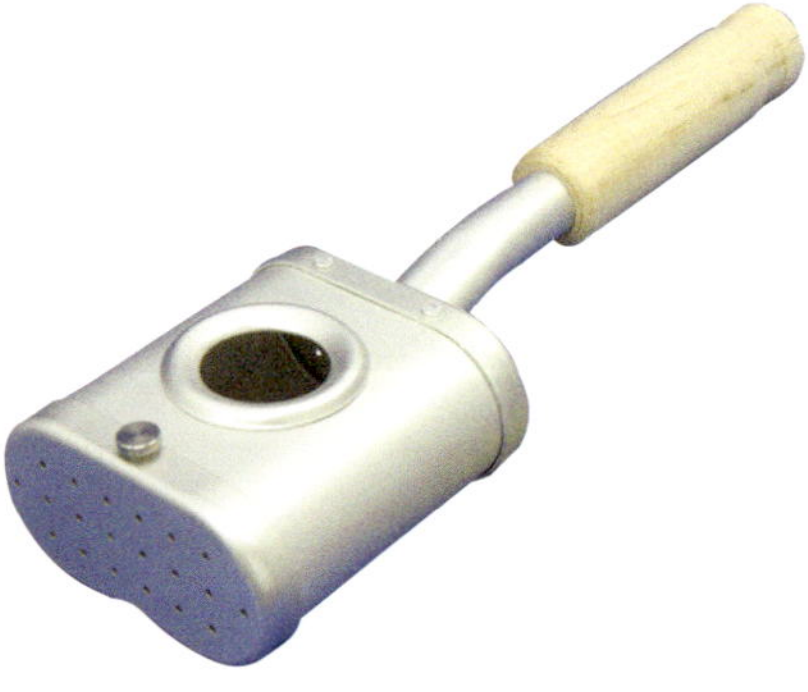

発明工房

煎り上手

ガスコンロで手軽に焙煎ができるロースター。生豆を入れ左右に振りつづけるだけで、焙煎が完了。底にある凸起が珈琲豆を自転・回転させて、煎りムラを解消。熱工学に基づいた空気穴により内部を最適な温度に保つ設計。

サイズ：240g　価格 5,460 円

※生豆 200ｇ×4 種セット（7,360円）も用意。

①焙煎釜に生豆を投入。
一度に 120g まで焼ける

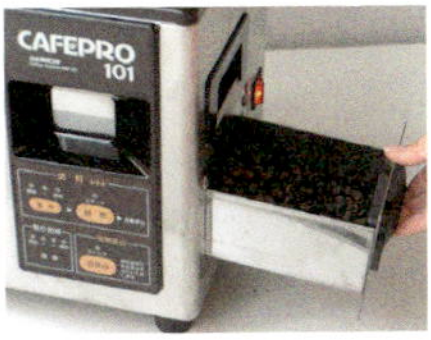

②焙煎が終了すると冷却
ファンが自動で豆を冷ます

ダイニチ工業
カフェプロ MR101

ボタンを押すだけで、好みの焙煎度合いに仕上げてくれる小型焙煎機。1回の焙煎量は120gと家庭で使いやすい。上下の熱源を使ったダブル焙煎で酸味～苦味まで3段階、浅め～深めの煎り加減は4段階の組み合わせて煎り上がる。
容量：生豆 120g　価格：126,000円

焙煎度をチェックするテストスプーンもついた本格仕様

火力と排気ダンパーの調整で好みの焙煎に仕上がる

納得いく焼きあがりになったらすばやく攪拌して冷却

生豆を生豆ホッパーに投入。余熱完了後に釜に投入

富士珈機
コーヒーディスカバリー

日本を代表する焙煎機メーカー・フジローヤルが販売する家庭用焙煎機。同社のベストセラー小型焙煎機「煎っ太郎」よりも少量の200gの豆が焙煎できます。小型ながら大型焙煎機が備えている機能がすべてついているのがうれしい。
価格：399,000円

POT&KETTLE

ポット＆ケトル

おいしいコーヒーを淹れようと思ったら

ポットの使いやすさは重要になります。

ラッセルホブズ

カフェケトル 7300JP

電気ケトルを世界に広めた同ブランドの大きいサイズの電気ケトル。1.2ℓの満水時の沸騰時間は約5分、ステンレスの密閉構造で保温性に優れるなど経済的にもお徳。細い注ぎ口が抽出に使いやすく、煮沸時のカルキ除去機能で味も保障。

容量：1.2ℓ　価格：10,500円

カリタ

ペリカン電気ポット ELP-800

細く長く注げる注ぎ口「ペリカンノズル」は、同社のベストセラーであるホーローポット・ペリカンのノズルを電気ポットに応用したもの。360度どこからも置けるコードレスプレートや空焚き防止、オートオフ機能付き。

容量：800mℓ　価格：6,090円

ハリオ

V60 細口パワーケトル・ヴォーノ

注ぎ口が細く絞ってあるので、コーヒーを抽出するときに細く長く注げる。角度がついたハンドル部もウェーブがついて滑りづらく使いやすくなっています。沸騰するとスイッチがオフになる自動電源オフ、空焚き防止機能付き。

容量：800mℓ　価格：7,350円

カリタ

ウェーブポット1ℓ

同社のウェーブシリーズのデザインを施したステンレスポット。しっかりした太目のハンドルが持ちやすく、安定してお湯を注げます。注ぎ口の先からポットまでの太さが違うため、微妙な量の湯量をコントロールできます。

容量：1ℓ　価格：7,140円

メリタ

ステンレスケトル 1.3ℓ

細くカーブした注ぎ口が、少しの手の角度とふりで湯量をコントロールできます。ステンレスの質感を生かしたシンプルなデザインは、コーヒーを淹れる時間を優雅に演出。100Vの電磁調理器でも使用可能。

容量：1.3ℓ　価格：5,250円

OTHER GOODS
その他の道具

ストッカーや計量スプーンなど
周辺の道具にもこだわりましょう。

タカヒロ
細口ステンレスドリップポット 0.9ℓ

プロも愛用する注ぎやすい細口のコーヒー専用のドリップポット。ハイカロリーの200V電磁調理器やクッキングヒーターにも使用可能なので、幅広く使えます。このサイズで５～７杯のお湯が沸く使いやすいサイズ。
価格：8,610円

カリタ
コーヒー達人・ペリカン１L

ずんぐりした形が懐かしい印象のコーヒーポット。ホーロー製で切込みを入れた注ぎ口が細くお湯を注げるから、自由に湯量をコントロールして抽出できます。多くの喫茶店でも使われるベストセラー。
容量：１ℓ　価格：3,780円

メリタ
ステンレスキャニスター

ステンレスだから直射日光を通さない構造。フタが透明なので中身が見やすいです。メジャースプーン付き。
容量：800g　価格：2,940円

カリタ
コーヒーストッカー 400N

中身が見えるストッカーは減り具合が一目瞭然なので便利。密閉度の高い保存容器はいくつあっても助かります。半分のサイズの200gも用意。
容量：400g　価格：945 円

カリタ
銅メジャーカップ

匂い移りのない１杯10gの銅製のメジャーカップ。使い込むほど味わいが出ます。
価格：840円

カリタ
パステルメジャー・グリーン

色のキレイな陶器製のメジャー。１杯10g。他にブラウンとシャドーブラックがあります。
価格：315円

カリタ
スコップメジャー

１杯10gのスコップタイプのメジャー。コーヒーを淹れる雰囲気を盛り上げます。
価格：787円

ICE COFFEE MAKER
アイスコーヒーメーカー

夏になるとアイスコーヒーが飲みたくなります。

家庭でおいしく淹れられる道具を紹介します。

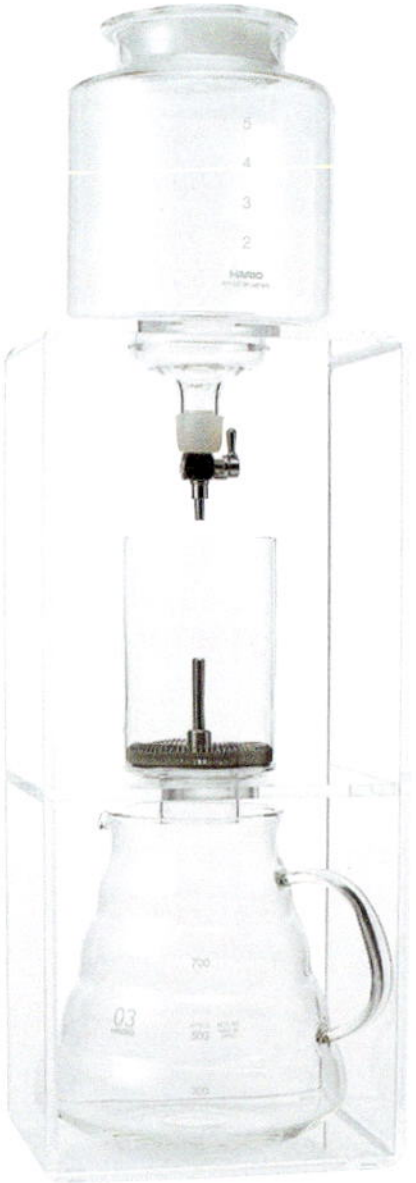

ハリオ
ウォータードリッパー・クリア

喫茶店などで見かける本格的な水出しコーヒーが自宅でできるウォータードリッパー。インテリア性を重視したデザインは置いておくだけでも雰囲気が抜群です。コックで水量を調整してポタポタと水が落ちる様子は見ていても楽しいです。
容量：780mℓ（できあがり）
価格：18,900円

メリタ
アイスコーヒーメーカー

ペーパードリップで珈琲を高温抽出。そのまますぐに冷却するので、コクのあるおいしいアイスコーヒーが簡単に作ることができます。もちろんメリタの１つ穴ドリッパーだから、誰でもおいしく淹れられます。
容量：400mℓ　価格：1,575円

ハリオ
水出し珈琲ポット

コーヒー粉と水だけで簡単にアイスコーヒーができます。粉をストレーナーに入れ、水を湿らせるように淹れたら、冷蔵庫で８時間抽山してできあがり。深煎りの粉を多めに入れるのがポイント。すっきりした味わいが楽しめます。
容量：１ℓ（８杯分）　※600mℓミニも用意。
価格：1,575円

ハリオ
V60アイスコーヒーメーカー・フレッタ

コーヒー粉の層が深くなる円錐形なので、コーヒーの旨みをしっかりと抽出。長いアイスストレーナーが、ドリップしたてのコーヒーを急冷するため、その場で淹れたてのアイスコーヒーが楽しめます。
容量：520mℓ（できあがり）
価格：オープン

MILK FORMER
ミルクフォーマー

ミルクフォーマーを使えば自宅で
カフェのようなカフェラテが楽しめます。

ハリオ
クリーマー・ゼット

ミルククリーマーにスタンドがセットになっているので、置き場所に困らず使いたいときに使うことができます。いつものカップに温めたミルクを入れて 30～40 秒でキメの細かいラテ用の牛乳ができあがります。
価格：1,575円

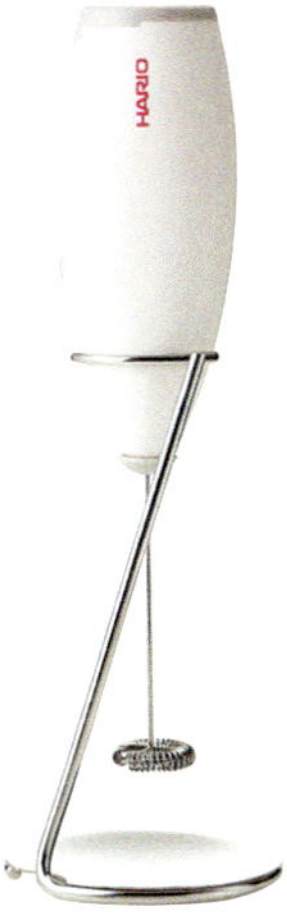

メリタ
ラテカップ

泡立ちミルクを簡単に作ることができる電動式のミルククリーマー。泡たて中にも飛び出さないフタ付きで、カフェラテやカプチーノなどを家庭で気軽に楽しめます。
価格：2,520円

ハリオ
クリーマー・キュート

内側からメモリが見える耐熱ガラスの容器とクリーマーのセット。フタを逆さに置けばクリーマーのハンドルを置けるので、作業中にキッチンを汚さない親切設計。容器からそのままカップに注げるのでラテアートにもおすすめ。
容量：100mℓ　価格：2,100円

●協力メーカーリスト
・大石アンドアソシエイツ／TEL０３－５３３３－４４４７　http://www.oanda.co.jp/russell-hobbs/
・株式会社カリタ／TEL０３－３７３８－４１１１　http://www.kalita.co.jp/
・株式会社クリンプ／TEL０３－３３８３－２１１２　http://www.mum.co.jp/qlinp/
・珈琲サイフォン株式会社／TEL０３－３９４６－５４８１　http://www.coffee-syphon.co.jp/
・サーモスお客様相談室／TEL０２５６－９２－６６９６　http://www.thermos.jp/
・ダイニチ工業／TEL０１２０－４６８－１１０　http://www.dainichi-net.co.jp/
・株式会社デバイスタイルホールディングス／TEL０３－３５１８－６４５１　http://www.devicestyle.co.jp/
・デロンギ・ジャパン／TEL０１２０－０６４－３００　http://www.delonghi.co.jp/
・発明工房／TEL０４６３－７４－１７１７　http://www.invention.co.jp/coffee.html
・ハリオグラス株式会社／TEL０１２０－３９８－２０７　http://www.hario.com/
・株式会社富士珈機／TEL０６－６５６８－０４４０　http://www.fujiko-ki.co.jp/
・ボダム ジャパン／TEL０３－５７７５－０６８１　http://www.bodum.com/
・メリタジャパンお客様相談センター／TEL０１２０－３３－０２１２　http://www.melitta.co.jp/

column 6

コーヒーって体に悪いの？

コーヒーの効能

「眠気覚ましにコーヒーを飲む」とよく言われますが、これは、コーヒーに含まれるカフェインが血流をよくして、脳神経細胞を活発化させることが理由です。同様に、モーニングコーヒーは、頭をシャキッとさせる効果があります。

疲れが溜まってきた午後に、コーヒーブレイクをとるのも同じです。カフェインには、脳や肉体の疲労感を軽減させるような効能もあるので、コーヒーブレイクは理にかなっているというわけです。

このカフェインはコーヒーの濃さにもよりますが、平均して100mℓのコーヒーに40～70mℓ含まれるといわれます。紅茶の倍、煎茶の1・5倍ほどの含有量です。

「食後にコーヒーを飲む」ことを習慣にしている人も大勢いると思います。チーズやオイルを多量に使うイタリア料理を食べたあとに飲むエスプレッソは、胃をすっきりさせてくれます。

これは、コーヒーの持つ胃酸分泌促進作用が働いている証拠。また、エスプレッソの苦味が口中の脂やガーリック臭をやわらげてくれる効果もあるそうです。

また「便秘が治る」という話も聞きます。海外の調査ではコーヒーを飲んだ人のうち約3割の人が便通がよくなったと答えているというデータもあります。

もうひとつ、あまり知られていない効能は、「利尿作用」があることです。仕事中に何杯もコーヒーを飲んで、トイレが近くなった経験はありませんか？　舞台俳優やスポーツ選手は、本番の前にはコーヒーを控えるといいます。

子供に夜、「コーヒーを飲むと寝れなくなるよ」と言って飲ませないのは、カフェインの効果に加え、おねしょ防止の意味もあったのかもしれませんね。

6章 おいしい豆を手に入れよう。

日本全国に多くの自家焙煎店があります。
煎りたての珈琲豆が翌日には手に入ります。
お気に入りのお店を見つけてみましょう。

全国の自家焙煎店がおすすめ

自宅で楽しむ おいしい珈琲豆ガイド

ネット通販が好評の全国の自家焙煎コーヒー店を紹介。独自の焙煎法に定評がある店、貴重な豆を扱う店、手軽な価格で本格コーヒーを提供する店……こだわりあふれる各店の個性を楽しみ、お気に入りの豆を探しましょう。

※Ⓢマークはスペシャルティコーヒーを扱うお店です

北海道恵庭市

珈琲きゃろっと Ⓢ

アフリカンコーヒーの豊かな風味を楽しむ

高品質豆を厳選し、常に煎りたてで提供するこの店のおすすめは「ルワンダ・ムヨンゲ」。ルワンダは世界的に評価が高まっており、アフリカンコーヒー特有の華やかな酸味と力強いボディが特徴。マンゴーやパパイアのような風味とコクが味わえる。

ルワンダ・ムヨンゲ
200g /1,350 円

Shop Data

北海道恵庭市恵み野西 1-25-2
TEL&FAX・050-3343-5008
http://www.coffeecarrot.com/

甘み	●●●●○
苦み	●●○○○
酸味	●○○○○
コク	●●●○○
香り	●●●●○

宮城県仙台市

スリーズコーヒー Ⓢ

オーダーメイド焙煎で"煎りたて"を全国に！

「健康にやさしいコーヒー」がテーマの同店は注文ごとに高速焙煎機で焙煎した新鮮な豆を提供してくれる。おすすめは「トラジャーブレンド」。「インドネシア」「ブラジル」をベースにした、上品な苦味とコクが楽しめるグルメコーヒーの代表作。

トラジャーブレンドコーヒー
200g /1,440 円

Shop Data

宮城県仙台市若林区五橋 3-5-44
TEL・022-263-4001 FAX・022-263-4002
E-mail・sanka@threes-coffee.com
http://www.threes-coffee.com/

甘み	●●●○○
苦み	●●●●○
酸味	●●○○○
コク	●●●●○
香り	●●●●●

北海道札幌市

いわい珈琲 Ⓢ

COE 国際審査員を務める店主の自信のブレンド

COE（カップ・オブ・エクセレンス）の国際審査員を努め、コーヒー生産地にも直接足を向ける店主がおすすめするのがこの「ゆたかブレンド」。コロンビア、ブラジル、エチオピアで構成した100%スペシャルティのブレンドは、しっかりしたボディが特徴的。

ゆたかブレンド
250g / 900 円

Shop Data

札幌市豊平区月寒東1条 6-1-20
TEL・011-854-6799
FAX・0800-600-4294
http://www.iwaicoffee.com/

甘み	●●●●○
苦み	●●●○○
酸味	●●○○○
コク	●●●●○
香り	●●●●○

山形県米沢市

鷲コーヒー

さわやかな飲み口の毎日飲めるブレンド

ダブル焙煎でしっかり豆を焼き上げ、毎日何倍飲んでも飽きない、さわやかなコーヒーを提供する。ブラジル、コロンビア、マンデリン、グアテマラをブレンドした、酸味、苦味、甘味、コクのバランスがよく、豊かな味わいを持つ「鷲ブレンド」が一番人気。

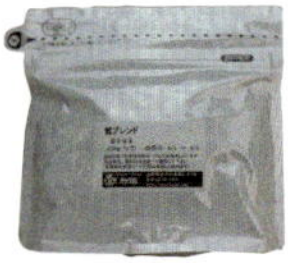

鷲ブレンド
100g / 315 円

Shop Data

山形県米沢市本町 2 -6-30
TEL&FAX・0120-88-2590
http://www.washi.net/

甘み	●●●○○
苦み	●●●●○
酸味	●●●●○
コク	●●●○○
香り	●●●●○

秋田県秋田市

ナガハマコーヒー Ⓢ

「カップ・オブ・エクセレンス」入賞の極上の味わい

COE に国際審査員として参加するここからはブラジル COEに入賞した「ブラジル・ファゼンダ・ジェライス」を紹介。アプリコットやヴァニラような心地良いフレーバーとベルベットのような舌触り、チョコレートのような甘みが長く続く極上の味わい。

ブラジル・ファゼンダ・ジェライス
200g / 1,428 円

Shop Data

秋田県秋田市外旭川小谷地 110-1
TEL・018-868-7301
FAX・018-869-7667
http://nagahama.shop-pro.jp

甘み	●●●●●
苦み	●●●○○
酸味	●●●●○
コク	●●●●○
香り	●●●●●

茨城県ひたちなか市

サザコーヒー

モンドセレクション金賞の高品質ブレンド

世界各地のコーヒー産地に出向いて最良の豆を提供する有名店。「サザスペシャルブレンド」は契約農園によるグアテマラ、コロンビア、ブラジル、エチオピアのブレンドで、バランスのとれた味わいとなっている。甘いカラメル感を持ち、チョコレートのような甘い香りが特徴。

サザスペシャルブレンド
200g /1,140 円

甘み	●●●●●
苦み	●●○○○
酸味	●●○○○
コク	●●●●●
香り	●●●●●

Shop Data

茨城県ひたちなか市共栄町 8-18
TEL・029-274-1151
FAX・029-274-1010
http://www.saza.co.jp/

福島県相馬郡

自家焙煎珈琲 椏久里（あぐり）

2度のハンドピックを徹底する丁寧な仕事

阿武隈高原山地の澄んだ空気と共にゆったり過ごせる店内で、自家製パンとケーキも提供する自家焙煎店。焙煎前と後の2回のハンドピックを徹底する、丁寧なコーヒー作りに定評がある。おすすめは、「アグリブレンド」。クリアでコクもある、のどごしのいいコーヒーだ。

アグリブレンド
200g /1,100 円

甘み	●●●●●
苦み	●●●○○
酸味	●●●●○
コク	●●●●○
香り	●●●●●

Shop Data

福島県相馬郡飯舘村深谷字市沢 200
TEL・0244-42-0550
FAX・0244-42-0801
http://www.agricoffee.com/

埼玉県上尾市

マルワコーヒー

創業45年の老舗 良心的な価格も魅力

創業45年の自家焙煎珈琲豆問屋の老舗で、グレードの高いコーヒーを良心的な価格で提供してくれる人気店。贅沢な豆をふんだんに使った「マルワ特製ブレンド」は、本物志向の愛好家にも好評。長年培ってきたいぶし銀の味わいを堪能できる逸品。

マルワ特選ブレンド
100g /357 円

甘み	●●●●○
苦み	●●○○○
酸味	●●○○○
コク	●●●●●
香り	●●●●○

Shop Data

埼玉県上尾市上 1135-1
TEL&FAX・048-771-5592
http://maruwa-coffee.com/

埼玉県朝霞市

幸音珈琲（さちねコーヒー）

半熱風ロースターで風味豊かな仕上がりに

イタリアンローストの深煎りでありながらも、苦味が控えめで風味豊かに仕上がる半熱風ロースターでじっくり煎り上げた「アイスコーヒーブレンド」がおすすめ。ブラジル、コロンビア、マンデリンを使用した、後味スッキリのコーヒーとなっている。

アイスコーヒーブレンド
200g /900 円

甘み	●●○○○
苦み	●●●●○
酸味	●○○○○
コク	●●●●●
香り	●●●●●

Shop Data

埼玉県朝霞市本町 1-10-30
TEL＆FAX・048-485-1783
http://sachinecoffee.com/

東京都墨田区

自家焙煎珈琲専門店 Cafe' Sucre'

スタッフはすべて女性 センスが光る人気カフェ

ロースター、バリスタ、マイスターなどのスタッフが全員女性。良質のスペシャルティコーヒーを厳選し、毎朝焙煎するこのお店は、ブラジル、コロンビアをベースにしたブレンド「シュクレブレンド」が一番人気。女性ならではの感性が随所に光る人気のカフェ。

シュクレブレンド
200g /800 円

甘み	●●●○○
苦み	●●●○○
酸味	●●○○○
コク	●●●○○
香り	●●●●○

Shop Data

東京都墨田区東向島 2-31-20
TEL＆FAX・03-3613-7551
http://cafe-sucre.biz/

東京都荒川区

銀の豆

通販用特注パッケージで新鮮な焙煎豆を届ける

すべて注文を受けてからその分量のみを焙煎し、当日出荷。包材も酸化を遅らせるための特注品を使用する「焼きたて生コーヒー」を提供する。おすすめは「ブルーマウンテン No.1」、「カロシ・トラジャ」などを使用した「銀豆 Rich ブレンド」。

銀豆 Rich ブレンド
300g /2,508 円

甘み	●●●○○
苦み	●●○○○
酸味	●●○○○
コク	●●●○○
香り	●●●●●

Shop Data

東京都荒川区東日暮里 6-22-14
TEL＆FAX・03-3801-6776
http://www.ginmame.com/

東京都港区

松屋珈琲店

大正7年創業の愛され続ける名店

永年コーヒーに携わっているこの店ならではの、確かな技術と知識の結集。コロンビア、ハワイコナなど、スペシャルティの品質の高い豆をブレンドし、リッチな風味が味わえる「プレミアム・ブレンド」。個性豊かな豆を巧みに使ってバランスよく仕上げている。

プレミアム・ブレンド
200g / 1,500 円

甘み	●●●●○
苦み	●●●○○
酸味	●●●○○
コク	●●●●○
香り	●●●●○

Shop Data

東京都港区虎ノ門 3-8-16
TEL・03-3431-1380
FAX・03-5470-9730
http://www.la-vie-en-cafe.com/

東京都板橋区

カフェベルニーニ

コーヒーが持つ本来の豊かさを伝えたい

世界各地から最高級の生豆を仕入れ、各豆に合わせた焙煎でコーヒー通に評判のお店。「ベルニーニ・ブレンド」は、後味にほのかな甘みが感じられる飲みやすいコーヒー。店主の「コーヒーが持つ本来の美味しさ、豊かさを共有したい」という思いが感じられる1杯。

ベルニーニブレンド
100g / 550 円

甘み	●●●●●
苦み	●●●○○
酸味	●○○○○
コク	●●●●○
香り	●●●●●

Shop Data

東京都板橋区志村 3-7-1
TEL・03-5916-0085
FAX・03-5916-0086
http://www.caffe-bernini.com/

東京都練馬区

さかい珈琲

スペシャルティコーヒーのエキスパート

かつては大手企業でスペシャルティコーヒーの発掘に努め、コーヒー業 40 年以上。「感動したコーヒーをみなさまと共有したい」と、自家焙煎店を始めた店主は、貴重な豆を直接買い入れて提供する。このグアテマラは果実のような風味とさわやかな質感を持つ見事な逸品。

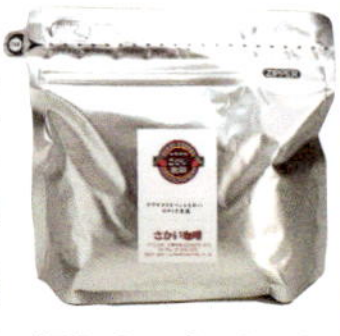

グアテマラ・スペシャルロット
ロサリオ農園
200g / 1,050 円

甘み	●●●●●
苦み	●●●○○
酸味	●●○○○
コク	●●●●○
香り	●●●●○

Shop Data

東京都練馬区北町 8-33-8
TEL＆FAX・03-3936-0023
http://members3.jcom.home.ne.jp/sakai_coffee/

東京都新宿区

但馬屋珈琲店

レトロな雰囲気とこだわりの技を味わう

自家焙煎にこだわって 23 年の歴史を持つここは、通信販売も好評。南米、インドネシア産の豆をオリジナル焙煎機で深煎りにし、力強いコクと苦味を引き出した「アイスコーヒーブレンド」は夏にぴったり。冷やしたコーヒーの中にも真価をみせる調合と焙煎の妙味を堪能したい。

アイスコーヒーブレンド
200g / 1,100 円

甘み	●●○○○
苦み	●●●●●
酸味	○○○○○
コク	●●●○○
香り	●●○○○

Shop Data

東京都新宿区西新宿 1-2-6
TEL・03-3342-0881
FAX・03-3346-0006
http://www.shinjuku.or.jp/tajimaya/

東京都杉並区

豆処ローストハウス ブラウンチップ

ブラジルの農園で日本人が育てる最高級豆

ブラジルに入植した日本人の農園「下坂農場」の最高級豆のみを使用した、人気のストレートコーヒー。コクと甘みの豊かな味わいが堪能できる。鮮度に気を配り、注文ごとに焙煎する「オーダーロースト」なので、焙煎度合いを指定することができるのもうれしい。

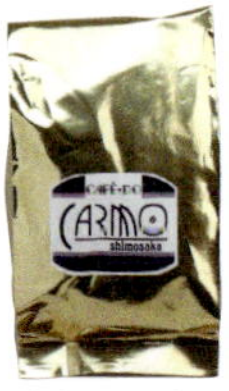

カルモ シモサカ
生豆・200g / 630 円

甘み	●●●●●
苦み	●●●○○
酸味	●○○○○
コク	●●●●○
香り	●●●●○

Shop Data

東京都杉並区阿佐谷南 1-14-16
（阿佐ヶ谷店）
TEL・03-5306-2290 FAX・03-3314-4150
http://www.carmo.jp/

東京都中野区

フレーバーコーヒー専門店 青いイルカ

フレーバーが癒し効果抜群

自家製造で常に新鮮なフレーバーコーヒーを提供する同店。ブラジル、コロンビア、インドネシアなどをブレンドしたのどごしのよいコーヒーに食品香料で香りづけがしてあり、お湯を通すとキャラメルの香りが部屋中に広がる。リラックスできる 1 杯が楽しめる。

イルカコーヒーブランド
フレーバーコーヒー・
キャラメルバニラ
200g / 1,470 円

甘み	●●●●○
苦み	●●●○○
酸味	●●●○○
コク	●●●○○
香り	●●●●●

Shop Data

東京都中野区江原町 1-1-15
TEL・03-3951-9001
FAX・03-3951-9005
http://flavorcoffee.jp

東京都狛江市

珈琲工房 HORIGUCHI

S

スペシャルティコーヒーを日本に浸透させたカリスマ

コーヒーのテイスティング、スペシャルティコーヒーの普及など、業界に新風を吹き込んだ堀口俊英氏が営むお店。「味わいブレンド」が店のメインブレンドで、舌に残らない程度の苦味と、やわらかな酸に彩られた香味がテーマ。香味の維持のために、配合は日々変化するという。

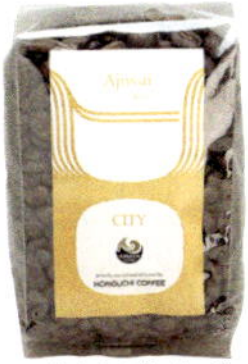

味わいブレンド
200g / 945 円

甘み	●●●●
苦み	●●●
酸味	●●●
コク	●●●
香り	●●●●

Shop Data
東京都狛江市和泉本町 1-1-30
TEL・03-5438-2141
FAX・03-5438-2142
http://kohikobo.co.jp/

東京都大田区

南青山マメーズ

S

"幻のモカ"バニーマタルを使った贅沢なブレンド

幻のモカと呼ばれるバニーマタルを中心にし、100%スペシャルティコーヒーだけを使ったブレンド。それぞれの豆の個性を引き出す「アフター・ミックス」で奥深い味わいが楽しめる。コクと甘みがしっかり感じられながら、モカ特有の酸味で後味スッキリの仕上がり。

バニーマタルブレンド
250g / 1,890 円

甘み	●●●●●
苦み	●●●●
酸味	●●●●●
コク	●●●●●
香り	●●●●●

Shop Data
東京都大田区蒲田 1-18-5
TEL・03-5710-7601
FAX・03-5710-7620
http://www.mames.jp/

東京都町田市

珈琲豆処 こげちゃ家

S

完全熱風焙煎機で芯までじっくり焼き上げる

高品質で新鮮な生豆を厳選して仕入れ、気候に合わせた温度管理をもとに完全熱風焙煎機でじっくり芯まで焙煎し、上質なコーヒーへと仕上げていく。上品でまろやかな味わいの「カメルーン」も、このこだわりの仕事が作り上げた逸品となっている。

カメルーン　カプラミ
ジャバ・ロングベリー
100g / 550 円

甘み	●●●●
苦み	●●●
酸味	●●
コク	●●●
香り	●●●●

Shop Data
東京都町田市南成瀬 1-4-2
成瀬ハイツ 1F
TEL & FAX・042-720-2840
http://kogechaya.com/

東京都府中市

南方郵便機

S

標準よりかなり大粒なグアテマラの逸品を紹介

コクと甘みが豊かな、深煎り焙煎に定評のある自家焙煎店。この味を求めて全国から注文がくる人気店だ。今回紹介するのはシティローストの「グアテマラ・パカラマ」。小さい豆が多いグアテマラだが、この豆はかなり大きく、しっかりしたボデイのある味。豆に合わせた焙煎を堪能したい。

ガテマラ・パカラマ
シティ 200g / 1,230 円

甘み	●●●●●
苦み	●●●
酸味	●●●
コク	●●●●●
香り	●●●●

Shop Data
東京都府中市府中町 2-20-13 遠藤ビル 1F
TEL & FAX・042-335-5292
http://www.nanpouyuubinki.com/

神奈川県相模原市

生豆屋（きまめや）

S

無農薬・有機栽培コーヒー豆の専門店

創業以来無農薬・有機栽培の、安心でおいしいコーヒー豆の自家焙煎にこだわりをもつ店。丁寧な焙煎と厳選した有機栽培コーヒーのまろやかな味わいには定評がある。豊かな甘い香りとコクを最大限に引き出した「きまめやブレンド」は、店長おすすめの自信作。

有機栽培きまめやブレンド
100g / 550 円

甘み	●●●●●
苦み	●●●
酸味	●●
コク	●●●●
香り	●●●●●

Shop Data
神奈川県相模原市南区相南 2-24-14
（営業時間 9:00～16:00、土・日・祝日定休）
TEL・042-745-7774　FAX・042-745-4979
http://www.kimameya.co.jp/

神奈川県横浜市

横浜ローストカフェ

S

世界の契約農園から選りすぐりの豆を提供

新鮮で、産地・生産者が明確な豆が「おいしいコーヒー」を作るための基準。さらに環境にも配慮したレインフォレスト・アライアンス認証豆を使用し、苦味に支配されない口当たりの「アイスコーヒーブレンド」。カフェオレなどのホットでも豊かな風味が味わえる。

アイスコーヒーブレンド
200g / 900 円

甘み	●
苦み	●●●●
酸味	●
コク	●●●●
香り	●●●●●

Shop Data
横浜市保土ヶ谷区西谷町 1117
TEL & FAX・045-371-3222
http://www.roastcafe.com/

神奈川県三浦郡葉山町
Cafetier（カフェティエ）

世界各地の豆を少量ずつ焙煎するからいつも新鮮

フルーティーで芳醇な香りが味わえる「モカ・イルガチェフG-1」などの入手困難な豆をはじめ、世界各地の良質な豆を少量ずつ焙煎。いつも新鮮な焙煎豆を提供する。ネット通販ではストレート豆に限り200gから注文焙煎してくれるのも嬉しい。

モカ・イルガチェフ G-1
100g / 650 円

Shop Data

神奈川県三浦郡葉山町下山口 1538-3
TEL & FAX・046-875-7169
http://www.cafetier-hayama.com/

甘み	●●●○○
苦み	○○○○○
酸味	●○○○○
コク	●●●○○
香り	●●●●●

神奈川県藤沢市
かさい珈琲

独自入手のスペシャルティを豊富に取り揃える

COE国際審査員でもある店主が独自に入手した、小ロットのスペシャルティコーヒーが豊富に揃っている。「かさいクラシコ」は旬なブラジル、スマトラ・マンデリン、エルサルバドルの3種類をブレンド。ホットでもアイスでもおいしく味わえる、コクとビター感がある。

かさいクラシコ
250g / 1,050 円

Shop Data

神奈川県藤沢市辻堂元町 5-2-24
TEL & FAX・0466-34-3364
http://www.kasaicoffee.com/

甘み	●●●○○
苦み	●●●●○
酸味	●●●○○
コク	●●●●○
香り	●●●●○

新潟県燕市
サントス珈琲店

ブラジル・セラード高原の高品質豆をブレンド

良質な豆を毎日焙煎し「新鮮で身体にいいコーヒー」を合言葉に営業する人気店。おすすめの「マイルドブレンド」はブラジル・セラード高原の高品質豆、コロンビア、マンデリンを使用。最後に煎り込むことによって、コクと深みが増した味わいを持たせている。

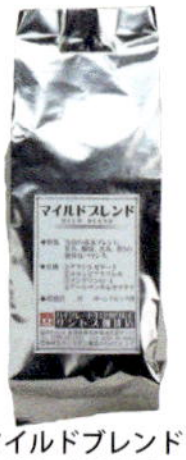

マイルドブレンド
200g / 800 円

Shop Data

新潟県燕市吉田法花堂 911-17
TEL・0256-92-3363
FAX・0256-92-4000
http://www.santos-coffee.com/

甘み	●●●○○
苦み	●●●○○
酸味	●○○○○
コク	●●●●●
香り	●●●●●

富山県高岡市
ミセスコーヒー

直火焙煎の深煎り豆は風味の香ばしさが自慢

直火焙煎機でしっかり深煎りにした豆は、コクと甘みが存分に引き出された仕上がりが特徴。店主おすすめのブラジル産「セラード・カフェイアラ」はキャラメルやチョコレートのようなフレーバーを持つ。コーヒー栽培に適した豊かな土壌で栽培された、健康にいいコーヒーでもある。

セラード・カフェイアラ
100g / 530 円

Shop Data

富山県高岡市清水町 3-4-53
TEL・0766-25-0619
FAX・0766-25-0618
http://www.mrs-coffee.jp/

甘み	●●●●○
苦み	●●●●●
酸味	●○○○○
コク	●●●○○
香り	●●●○○

愛知県豊田市
Mocha Mocha（モカモカ）

丁寧な深煎り焙煎とハンドピックで極上の豆に

火加減に気を配った深煎り焙煎、欠点豆を最小限まで取り除くハンドピックで、丁寧な高品質豆を提供する。インドネシア、グアテマラ、ケニアで構成した「ビターブレンド」は、すべてスペシャルティグレードを使い、ほろ苦い香りが生きたコクと甘みが味わえる。

ビターブレンド
100g / 450 円

Shop Data

愛知県豊田市大林町 12-3-6
TEL & FAX・0565-26-1428
http://www.mochamocha-coffee.com/

甘み	●●●○○
苦み	●●●●○
酸味	●○○○○
コク	●●●●●
香り	●●●●●

石川県七尾市
カフェオール

当年物にこだわるスペシャルティ専門店

当年物（ニュークロップ）の豆のみを使った、贅沢なコーヒーを提供するお店。おすすめはブラジルとグアテマラの、共にスペシャルティコーヒーでレインフォレストアライアンス認証の上質豆でブレンドした「晴ればれ珈琲」。なめらかな後味と風味が味わえる。

晴ればれ珈琲
200g / 780 円

Shop Data

石川県七尾市馬出町イ 55-3
TEL・050-3345-4428
FAX・0767-53-8135
http://www.caffeol.net/

甘み	●●●●○
苦み	●○○○○
酸味	●○○○○
コク	●●●○○
香り	●●●●○

京都府京都市

珈琲工房てらまち

S

「アフターブレンド製法」で深みのある味わいに

築100年の京都の町屋を改装し、喫茶＆熱風式焙煎の店を営む店。1種類の豆でも浅煎りと深煎りに焼きわけてブレンドする「アフターブレンド」で仕上げた良質のコーヒーで常連客を唸らせている。おすすめは、酸味を抑え、苦味とコクが味わえる「ぶれんどてらまち」。

ぶれんどてらまち
100g / 420円

甘み	●●○○○
苦み	●●●●○
酸味	●●○○○
コク	●●●●○
香り	●●○○○

Shop Data

京都府京都市中京区上瓦町 64-26
三条大宮西
TEL＆FAX・075-821-6323
http://coffee-teramachi.ocnk.net

愛知県名古屋市

honu 加藤珈琲店

S

世界中から選び抜かれた良質豆を手軽に楽しむ

世界オークションなどで最高品質のコーヒー豆を直輸入し、「本当にいいコーヒー」を届ける。ウェブショップは、品揃えの豊富さと手軽な価格に驚かされる。おすすめはマンデリンとグアテマラのブレンド。深いコクの中に甘い後味が隠された、奥深い味わいが楽しめる。

ハウスブレンド
シアトルロースト
180g /498円

甘み	●●●●○
苦み	●●●○○
酸味	●○○○○
コク	●●●●○
香り	●●●●○

Shop Data

愛知県名古屋市中区松原 1-4-8
TEL・052-332-3800
FAX・052-332-3802
http://www.katocoffee.net/

大阪府守口市

珈琲の富田屋

人気の独自サービス「珈琲定期船」に注目!

アンデス東部の山奥の村で育てられている「アンデスコンドル」。軽くソフトな甘みとコク、さわやかな香りが好評でファンも多い。この店の独自サービス「珈琲定期船」も人気。手軽な価格で毎月定期的に焙煎人が選んだ豆が届き、飽きることなくコーヒーが楽しめる。

アンデスコンドル
コロンビア
100g / 472円

甘み	●●●●○
苦み	●●●○○
酸味	●●○○○
コク	●●●●○
香り	●●●●●

Shop Data

※通信販売専門店
大阪府守口市大枝西町 15-10
TEL＆FAX・06-6991-0661
http://tomitaya.cc/

大阪府吹田市

ヒロコーヒー

S

世界各地にある契約農園の良質豆を自宅でも

北摂、阪神エリアの有名店の優雅な味わいが家庭でも楽しめる。おすすめはオーガニック認証のコロンビア、グアテマラ、メキシコを使用した、自然にも体にもやさしいブレンド。飲みやすい中にも、コクとまろやかさを兼ね備えたコーヒーとなっている。

オーガニック・ブレンド
いながわ
100g / 525円

甘み	●●●●●
苦み	●●○○○
酸味	●●○○○
コク	●●●●○
香り	●●●○○

Shop Data

大阪府吹田市広芝町 9-19
TEL・0120-16-1050
FAX・06-6380-1040
http://www.hirocoffee.co.jp/

大阪府大阪市

珈琲専門店 まんそう

S

デジタル焙煎機による焼きムラの少ない仕上がり

こだわりのデジタル焙煎機によるローストは、きめ細かな遠赤外線焙煎で安定した焼き上がりになる。おすすめの「シティーブレンド」はコロンビア SP をベースにブラジルサントス No.2、マンデリンで構成。苦味を抑え、コクと旨味を堪能できる看板商品。

シティーブレンド
200g / 760円

甘み	●●●●○
苦み	●●●○○
酸味	●●○○○
コク	●●●●○
香り	●●●●●

Shop Data

大阪市生野区勝山北 2-4-1
TEL・06-6717-5115
http://mansou.jp/

大阪府大阪市

平岡珈琲店

S

「焙煎は火の芸術」一期一会の真剣勝負

大正10年創業の大阪の老舗。おすすめは、こだわりの“深煎り”で仕上げたグアテマラベースの「平岡ニューブレンド」。「焙煎は、生豆に火を通すことで香り高いコーヒー豆に変貌させる“火の芸術”」と語る焙煎哲学と、良質な豆を選ぶ確かな目。そんな絶品コーヒーをぜひ体感してみたい。

平岡ニューブレンド
200g / 840円

甘み	●●○○○
苦み	●●●●○
酸味	●●●○○
コク	●●●○○
香り	●●●●○

Shop Data

大阪府大阪市中央区瓦町 3-6-11
TEL＆FAX・06-6231-6020
http://www.hiraoka-coffee.com/

奈良県奈良市

珈琲処豆屋 夢二香房

スペシャルティコーヒーのすべてを体感できるお店

焙煎体験やコーヒー教室でスペシャルティの魅力を広める活動に熱心な自家焙煎店。おすすめはケニア 2 種類とルワンダの、3 種のアフリカ産スペシャルティコーヒーでブレンドした「まほろば」。フルーツのようなさわやかな酸味があり、コーヒー本来の味わいが楽しめる。

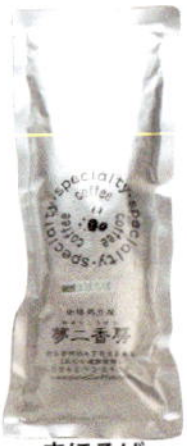

まほろば
100g / 500 円

甘み	●●●●○
苦み	●○○○○
酸味	●●●●●
コク	●●●●●
香り	●●●●●

Shop Data

奈良県奈良市神功 4-25
丘の小道商店街
TEL＆FAX・0742-72-2108
http://yume2coffee.com/

大阪府堺市

「珈琲ライフ贅沢倶楽部」ドイコーヒー

各品評会で高評価を受ける、幻のコーヒー

オリフラマー農園は専業30年の焙煎人・土居博司氏が経験と実績をもって世界中の農園から見つけ出した逸品。舌の上に乗せたときの甘さ、コクなど幾重にも広がる味わいは、同店が自信を持っておすすめする、会員人気 No.1 の銘柄。

グアテマラ・オリフラマー農園
200g / 1,100 円

甘み	●●●●●
苦み	●●●○○
酸味	●●●○○
コク	●●●●○
香り	●●●●●

Shop Data

大阪府堺市西区浜寺元町 4-496-1
TEL・0120-49-5021
FAX・0120-164-518
http://www.doicoffee.com/

兵庫県神戸市

珈専舎たんぽぽ

煎りたて・新鮮高品質の豆を揃える人気店

神戸・西区の田んぼに囲まれたのどかな地にある、カフェを併設した自家焙煎店。今年で創業36周年の実力店だ。選び抜いたスペシャルティ・プレミアムグレードのコーヒー豆が存分に味わえる。紹介するのは一番人気のロングセラー「たんぽぽブレンド」。

たんぽぽブレンド
200g / 900 円

甘み	●●●●○
苦み	●●●○○
酸味	●●○○○
コク	●●●●○
香り	●●●●○

Shop Data

兵庫県神戸市西区神出町広谷 608-4
TEL・078-965-2131
FAX・078-965-2151
http://tanpopo.ocnk.net/

奈良県磯城郡

香豆舎

栽培～輸送の工程が明確なスペシャルティのみを使用

産地情報、精選工程、輸送・保管手段など、生豆についての詳細がしっかり把握できるスペシャルティを提供する。おすすめはブラジルとグアテマラのスペシャルティをブレンドした「スィート＆マイルドブレンド」。芳醇な香りとコク、クリアな後味が楽しめる。

スィート＆マイルドブレンド
200g / 840 円

甘み	●●●○○
苦み	●●●○○
酸味	●●○○○
コク	●●●●○
香り	●●●●●

Shop Data

奈良県磯城郡三宅町小柳 470
TEL・0745-61-0298
FAX・0745-61-7708
http://kouzusha.com/

広島県三次市

珈琲屋スプレモ

環境にも人にも優しくおいしく飲めるブレンド

東ティモール、ペルー、メキシコのブレンドで、すべてフェアトレードコーヒーと有機認証生豆を使用。欠点豆や煎りムラはしっかりハンドピック。苦味の中にも甘みが引き立ち、雑味のない味わい。環境にも生産者にも、飲む人にも優しいコーヒーをおいしく飲んで国際協力！

みんなにやさしいブレンド
100g / 550 円

甘み	●●●●○
苦み	●●●○○
酸味	●●○○○
コク	●●●●○
香り	●●●●○

Shop Data

広島県三次市十日市東 3-3-22
TEL・0824-63-3555
FAX・0824-63-3557
http://www.supremocoffee.jp/

岡山県岡山市

豆工房ウイニングラン

稀少価値が高いイエメン産のモカ

注文を受けてからその場で焙煎する「完全オーダー焙煎」の店。貴重な豆が多数並ぶ『ウイニングラン』のおすすめは「クラシックモカマタリ（イエメン）」。モカの中でも、イエメン産は高級とされ、ワインフレーバーと呼ばれる独自の香りと、気品のある味わいを持つ。

クラシックモカマタリ
イエメン　生豆 240g
煎り上がり価格 / 1,380 円

甘み	●●●○○
苦み	●●○○○
酸味	●●●○○
コク	●●●○○
香り	●●●●○

Shop Data

岡山県岡山市東区楢原 514-6
TEL＆FAX・086-297-6317
http://www.c.do-up.com/home/mamekobo/

香川県高松市

プシプシーナ珈琲

ダブル焙煎で
コクのある飲み口に

豆の個性を活かした、飲みやすいコーヒーを心がけている。鮮度のいい豆を届けられるように毎日少量ずつ焙煎。その際、丁寧なダブル焙煎で十分に水分をとばしているため、お湯によく膨らみ、まろやかでコクのある飲み口のコーヒーができあがる。

ブレンドトーベ
100g / 350円

甘み	●●●●
苦み	●
酸味	●●●
コク	●●●●●
香り	●●●●●

Shop Data

香川県高松市上之町 2-7-4
TEL＆FAX・087-865-6377
http://pussy-pussy-na.com/

徳島県徳島市

aalto coffee（アアルト コーヒー）

身体に負担のかからない
優しいコーヒー

全国のコーヒー好きが注目する徳島の人気店。「アアルトブレンド」は中深煎りのブラジルとコロンビアをベースにした飲みやすいブレンド。焙煎後3日以内の新鮮な豆を届け、毎日何杯飲んでも身体に負担のかからない、優しいコーヒーを提供するようにしている。

アアルトブレンド
200g / 900円

甘み	●●●●
苦み	●
酸味	●●●
コク	●●●
香り	●●●●●

Shop Data

徳島県徳島市南田宮 2-3-111
TEL・088-632-9088
FAX・088-634-3038
http://aaltocoffee.com/

福岡県筑紫郡

コーヒー専門店 ブォノカフェ

「奥出雲産」黒大豆を使った
ヘルシーなコーヒー

ブラジル、コロンビアをベースにしたコーヒーに「奥出雲産」黒大豆をブレンドしたヘルシーな逸品。黒豆はダイエットにも期待できる食品。深煎りなので、カフェインが少なく、胃の負担が気になる方にもおすすめできるコーヒーだ。

自家焙煎「黒豆入り」珈琲
180g / 1,150円

甘み	●●●●
苦み	●●
酸味	●
コク	●●●
香り	●●●

Shop Data

福岡県筑紫郡那珂川町松木 1-10 1F
TEL・092-953-7630
FAX・092-953-7640
http://www.buonocaffe.com/

福岡県福岡市

小山珈琲

コーヒー豆は生鮮食品
新鮮さにこだわるお店

フェアトレードなどの認証豆を大量販売ではなく生鮮食品として販売する。この「グアテマラ フェアトレード」は丁寧に栽培された良質な仕上がり。芳醇でさわやかな甘酸っぱさが楽しめる。焙煎したての新鮮なコーヒーが家庭に普及するように努めている。

グアテマラ フェアトレード
100g / 473円

甘み	●●●●
苦み	●●●●
酸味	●●●
コク	●●●●
香り	●●●●

Shop Data

福岡県福岡市南区横手 2-37-1
TEL＆FAX・092-582-9551
http://oyamacoffee.main.jp/

大分県別府市

珈琲屋 豆工房

日本屈指の温泉街から
自信のコーヒーをお届け

「銘柄やブランドにとらわれない、自分で試しておいしいと思うコーヒーの提供」を心がけている。コロンビアをベースに4種類の豆を使用した「湯けむりブレンド」は贅沢な香りとコクが特徴。質の高さを感じさせる、柔らかく飲みやすいコーヒーだ。

湯けむりブレンド
200g / 800円

甘み	●●●
苦み	●●●
酸味	●
コク	●●●●●
香り	●●●●

Shop Data

大分県別府市石垣東 1-9-26
TEL・0977-24-4645
FAX・0977-24-4648
http://toki.ocnk.net/

福岡県大牟田市

こうひいや

直火式焙煎機による
柔らかな味わいが好評

直火式焙煎機が生み出す、飲みやすく柔らかな味が好評の『こうひいや』。ブラジル、グアテマラなどを使ったオリジナルブレンドの「和」は、甘い芳醇な香りとコクを全面に引き出した逸品。苦味と酸味がほのかに広がる、調和のとれた味わいが楽しめる。

和
200g / 900円

甘み	●●●
苦み	●●●
酸味	●●
コク	●●●●
香り	●●●●●

Shop Data

福岡県大牟田市通町 1-5-10
TEL・0944-59-3833
FAX・0944-59-3834
http://www.kouhiiya.net/

もっと
コーヒーを
楽しむ

焙煎にも挑戦したい！ おいしい生豆選び

プロの焙煎職人がローストした豆を堪能したら、次は自家焙煎に挑戦。好みの風味を作り出せるようになれたら一人前！

神奈川県相模原市　無農薬・有機栽培コーヒー豆専門店　生豆屋（きまめや）

すぐに自宅焙煎が楽しめる「手焙煎セット」が便利

無農薬・有機栽培の4種類の豆に、ぎんなん炒り（焙煎器具）と「手焙煎の手引き」がセットになった「手焙煎セット」。ここまで揃えば初心者でも手軽に始められる。『生豆屋』ではコーヒー豆全品、生豆で購入すると焙煎豆の重量より3割増量してくれるサービスがあり、好評だ。

グアマラ
260g / 1,000円
甘い香りとさわやかな酸味が味わえる

エルサルバドル
260g / 1,040円
キレのある苦味と、クセのない、スッキリとした後味が特徴

フェアトレード・ニカラグア
260g / 1,080円
キレのある酸味と、やさしい甘い香り。酸味にこだわる人におすすめ

コロンビア
260g / 1,100円
深みのあるコクとかすかな酸味が魅力

無農薬＆有機栽培豆 4 種類　各260g+ぎんなん炒り + リーフレット「手焙煎の手引き」/6,080円

Shop Data

神奈川県相模原市南区相南 2-24-14
営業時間・9:00～16:00（土・日・祝日定休）
TEL・042-745-7774　FAX・042-745-4979
http://www.kimameya.co.jp/

東京都台東区　ワイルド珈琲

生豆を求める愛好家が集まるこだわりの店

訪れるほとんどの愛好家は、焙煎した豆ではなく生豆を購入するという有名店。良心的な価格ながら、「欠点豆や劣化した豆は売らない」というこだわりを持ち、厳選した良質豆を提供してくれる。初心者もプロでも参加できる、レベルに応じた各種「焙煎教室」を開催しているので、焙煎に興味があったら参加してみるのもいい。

マラウィ AAA ゲイシャ・ミスク　500g / 865円
強い甘みとフローラルな香りが特徴。すっきりした後味が楽しめる

ブラジル　ナチュラル・ハニーショコラ　500g / 610円
ブラジルらしいトロリとした感覚を伴う、甘いチョコレートフレーバー

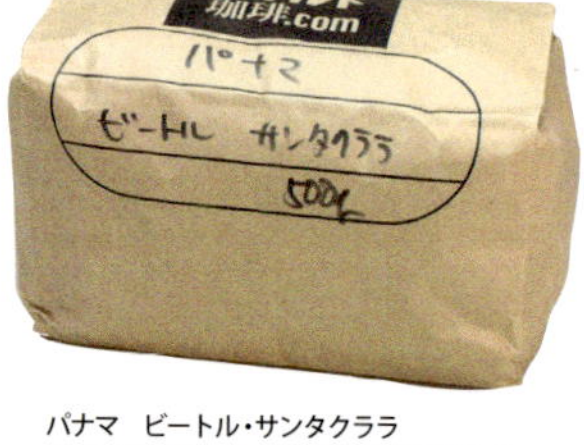

パナマ　ビートル・サンタクララ
500g / 910円。ティピカ種の繊細なテイストとまろやかな香りが味わえる

タンザニア　ワイルドクリスタル　500g / 775円
フルーツのようなさわやかさ、透き通った甘みがある

グアテマラ　ヘクターレアル　500g / 765円
『ワイルド珈琲』のオリジナル豆。きれいな酸味とフローラルな甘みがある

Shop Data

東京都台東区浅草橋 4-20-6
TEL・03-3865-8318
FAX・03-3861-9368
http://www.wild-coffee.com/

神奈川県川崎市　フレッシュロースター珈琲問屋

世界各地から届いた125種類以上の豆が揃う

関東を中心に店舗展開している、コーヒー通が集まる専門店。ネット通販にも熱心に取り組んでおり、コーヒーに関するあらゆるものが手に入る『珈琲問屋オンラインストア』も好評。定番から稀少種まで125種類以上の珈琲豆が揃い、注文ごとに焙煎して煎りたてを発送している。セールを頻繁に開催しているので、欠かさずチェックしておいたほうがいいだろう。

モカブレンド
100g / 451円
モカ40%をベースに、モカ独特の香りを生かしたブレンド

ニカラグア・ジャバニカ
100g / 290円
甘い香りとしっかりしたコク。クリーミーでマイルドな味わいがある

ブルマンNo.1ブレンド
100g / 710円
ブルーマウンテンの中でも最高級の「No.1」をベースにした、贅沢なブレンド。調和のとれた味、香り、コクが味わえる

←ラベルには焙煎日や焙煎時間、挽き方、豆の説明と細かな情報が明記されている

秋限定　秋想ふブレンド
100g / 390円
ブラジル、ケニア、エチオピアで構成した、スイーツと相性抜群のブレンド

ブラジルショコラ
100g / 350円
チョコレートのようなコクのある甘みと苦味。ビターな味わい

Shop Data
神奈川県川崎市桜本2-32-1　川崎SRC3階
（流通センター。店舗販売は無し）
TEL・044-270-1440　FAX・044-270-1447
http://www.tonya.co.jp/

茨城県ひたちなか市　サザコーヒー

世界に点在する契約農園、直営農園から良質な豆をお届け

良質のコーヒーのため、産地に長期滞在して作り手との人脈を築いているのが同店の強み。契約農園、直営のコーヒー園からグレードの高い豆を届けている。世界最高の味とうたわれるエスメラルダ農園の「パナマ・ゲイシャ」は超貴重豆だ。

良質豆の供給に力を注いでいる『サザコーヒー』。毎月世界各地の農園に出向き、買い付けを行っている

パナマ・ゲイシャ
※価格はお問い合わせください。
世界最高峰の農園のNo.1ロット。香りは「甘い温州みかん」、コクは「上等なボルドーワイン」のよう

ケニア・SL28
※価格はお問い合わせください。
2009-2010にケニアで最高額の評価を得た。ワイルドピーチの香りが特徴

Shop Data
茨城県ひたちなか市共栄町8-18
TEL・029-274-1151
FAX・029-274-1010
http://www.saza.co.jp/

愛知県名古屋市　honu加藤珈琲店

環境に配慮した豆を積極的に取り入れる

良質な自家焙煎豆やコーヒーギフトなど、豊富な商品数を誇る。もちろん生豆の提供もしている。スペシャルティや有機栽培のフェアトレードなど、質にこだわった豆が多数揃う。家庭用の小型ロースターも扱っているので、合わせてチェックしておきたい。

ブラジル・サントスNo2-S18　100g / 348円
柔らかな香りと、キレのいい味わい。ブラジル最高のカップを楽しもう

インドネシア
マンデリンゴールド
100g / 338円
独特な香りとコクは「マンデリンの最高峰」と呼ばれている

コロンビア・スプレモ
100g / 294円
甘い香りとしっかりとしたコク。マイルドな風味で人気のコーヒー

Shop Data
愛知県名古屋市中区松原1-4-8
TEL・052-332-3800
FAX・052-332-3802
http://www.katocoffee.net/

一流の技を極めるスペシャリストのいる店

豆の選び方から焙煎、淹れ方にまでこだわりを持ち、妥協を許さない。「上手な淹れ方を学ぼう。」(P.49~81)でご指導いただいたお店を紹介します。

木村コーヒー店　「大正から続く老舗の珈琲豆店」

創業は大正10年。横浜吉田町で、現在のKEYコーヒーの前身でもある木村コーヒー店を立ち上げたことに始まる。戦後、喫茶店が大人気の時代には、上質のコーヒーを卸売りしてきた。現在、白山の本社ビル1Fはビーンズショップ＆カフェで世界中からよりすぐったストレート豆や、長年コーヒー好きに愛されているブレンドなどが並んでいる。焙煎も同じビル内で行っているので、常に焙煎したての新鮮な豆が手に入る。そのほか、好みのコーヒーを携帯用のドリップパック（マグカップの上にのせて１人分のコーヒーを入れられるパック）に仕立てるなどのサービスもある。

東京都文京区白山１丁目３３番２５号
☎０３-３８１３-６８４１
10:00 ～ 18:00 ／無休

VICTORIA　新橋店　「意外な場所で出会える、丁寧な一杯」

JR新橋駅からほど近く、外堀通り側のガード下にあるのがこのお店。細長く延びる店内は、昔ながらの喫茶店といった雰囲気。それもそのはず。なんと創業は1929年。さらに戦後すぐの1947年から現在まで、サイフォンで淹れているというから、当時としてはかなりハイクラスな喫茶店だったことがうかがえる。その伝統はきちんと受け継がれ、丁寧に１杯ごとサイフォンでコーヒーを淹れてくれるのがいい。もうひとつのおすすめが、ショーケースに並んだケ－キ。セットメニューがあるのも嬉しい。ブレンドコーヒーは420円。ケーキが370円～550円だが、セットだとドリンクが半額になる。

東京都港区新橋 2-17-2
☎０３-３５７１-２８５１
平日10:00～24:00 土曜11:00～23:00 日・祝祭日12:00～20:00／無休

大坊珈琲店　「苦味の中に甘みを感じるこだわりの珈琲店」

カウンターに立ち、口を絞ったポットからネルにゆっくりとお湯を落としつづけるご主人のひたむきな姿勢に、初めて訪れた人なら感動すら覚えるはず。表参道の交差点近くで35年間、毎朝行う焙煎に燻されたような店内は、時間が止まったような落ち着いた雰囲気。特注の小型のドラム型の手回しロースターで毎朝焙煎されるコーヒーはグラム数と抽出量が決められた番号で注文するのも珍しく、他の店で出されるコーヒーに比べ、抽出量は少なめ。とろりとしたエキスのような１杯は、見た目とちがって、口当たりが柔らかく余韻が甘いコクのある味わい。お湯100ccに豆20gの3番と呼ばれるブレンドコーヒーは600円。

東京都港区南青山3-13-20　2F
☎03-3403-7155
9:00～20:00（日曜・祝日12:00～20:00）／無休

Lo　SPAZIO　「本場イタリアのバールを気軽に楽しんで」

イタリアのバールをそのままに味わえるのが、学芸大学の駅近くにある「ロ・スパツィオ」。店内には立ち飲みのカウンターとテーブル席があり、イタリア式の飲み物やフードメニューが充実する。コーヒー、ジェラート、ランチ、アルコール、と１日に何度来ても楽しめるようなサービスを提供するので、幅広い層の地元の人たちをはじめ休日には遠方からファンが通う。

代表の野崎晴弘さんは、イタリアでもバリスタ、ジェラタイオの修業を積んだプロ。月に１度、プロのバリスタになるためのセミナーも開講している。P.76で紹介したデザインカプチーノもまたここの名物だ。メニューは、カプチーノ500円、パニーニ760円～、パスタ1,000円～など。

東京都目黒区鷹番３－３－５
☎03-5722-6799
11:00～翌2:00（ランチ11:00～15:00）／無休

自家焙煎珈琲 CAFEHANZ　「香り高い新鮮なコーヒーを味わう」

おいしいコーヒーを追求したら、すべて自前にすることにたどり着いたという店主の佐藤円さん。感銘を受けたカフェ・バッハで、夫婦ともに修行をして店をオープンさせた。某コーヒーメーカーに勤めながらの修行だったというから、コーヒーに対する熱意は半端ではない。焙煎の前後2回ハンドピックを行ったアラビカ種の最上級グレード豆を自家焙煎するほか、仕入れから梱包までを一元管理することで、新鮮で安全なコーヒーを提供することにこだわっている。HAND（手）とZEAL（熱意）を足した造語が店名になっているのもうなずける。雑味のない新鮮なコーヒーを店内でいただけるばかりでなく、販売も行っている。4種のブレンドとストレートを含め、常時20種（100ｇ～）以上用意している。

神奈川県横浜市中区根岸町3-143
☎045-625-3922
11:00～20:00／木曜、第３水曜 休み

うちカフェ

～コーヒーをもっとおいしく飲む本～

企画	株式会社 ラテン
編集	佐藤卓市
撮影	小町剛廣
取材・文	渡部晋也 大橋美穂 千葉伴典 斉藤一
カバーデザイン	ヤマシタツトム
本文デザイン	中野正美
DTP	株式会社 DEAN
協力	アタカ通商 株式会社　ユニオン ラ・クッチーナ・フェリーチェ青山
発行所	株式会社　二見書房 東京都千代田区三崎町 2-18-11 電話 [営業]03-3515-2311 [編集]03-3515-2314
印刷	株式会社　堀内印刷所
製本	ナショナル製本協同組合

落丁、乱丁本はお取替えいたします。
定価はカバーに表示してあります。

Printed in Japan.
ISBN 978-4-576-10110-1
http://www.futami.co.jp/